上海图书馆藏书发展研究

主　　编：俞国琴
课题组成员：倪道敏　王　琦　张玉婷　庞飞菲

上海科学技术文献出版社
Shanghai Scientific and Technological Literature Press

图书在版编目（CIP）数据

上海图书馆藏书发展研究 / 俞国琴主编 . —上海：上海科学
技术文献出版社，2015.10
ISBN 978-7-5439-6745-8

Ⅰ . ① 上… Ⅱ . ① 俞… Ⅲ . ① 上海图书馆—图书馆工作—
研究 Ⅳ . ① G259.275.1

中国版本图书馆 CIP 数据核字 (2015) 第 165518 号

责任编辑：夏　璐
封面设计：汪　溪

上海图书馆藏书发展研究

俞国琴　主编

出版发行：上海科学技术文献出版社
地　　址：上海市长乐路 746 号
邮政编码：200040
经　　销：全国新华书店
印　　刷：上海市印刷七厂有限公司
开　　本：720×1000　1/16
印　　张：15
字　　数：223 000
版　　次：2015 年 10 月第 1 版　2015 年 10 月第 1 次印刷
书　　号：ISBN 978-7-5439-6745-8
定　　价：38.00 元
http://www.sstlp.com

目　　录

第一部分　基　础　篇

第二部分　分　析　篇

第三部分　设　想　篇

绪　　论

第一节　研　究　背　景

作为一所大型的综合性图书馆、上海地区重要的文献资源信息中心，上海图书馆在藏书发展进程中应该要拥有一套系统的藏书发展政策来规划藏书发展。然而，值得思考的是，随着上海图书馆事业的发展，馆藏的内涵、资源结构、资源获取方式、馆藏评价标准、文献资源保障方式等整体架构到细节操作，都出现了许多需要面对与认真思考的问题。所涉及的问题具体表现为五大方面：

问题一：藏书发展体系滞后

一是条例滞后。虽然上海图书馆分别在 2004 年制定、2007 年修订了《文献采访工作条例》，包括《购书经费使用》《文献采购审批手续和权限和文献资料国有资产登记》《文献捐赠工作管理办法》，但是网络时代的整个信息环境的改变，带给上海图书馆巨大竞争与压力，目前，上海图书馆藏书结构状况及藏书规划难以应对未来整个信息环境的改变，对本馆的藏书发展定位不足。二是网络资源存取规模偏低。网络中的信息资源种类繁多，含量巨大，但以全文存取的信息资源数量有限，满足程度有待提高。

问题二：藏书缺乏科学的布局

一是藏书规划整合不足。面对日益膨胀的藏书规模，藏书的采购、复选和剔除等与信息系统没有形成有机的整体。二是网络环境下，从根本上影响了图书馆藏书结构变化的逻辑顺序和促进这种变化所需的政策。

问题三：没有形成自己的独特质量文化

质量文化是全面质量管理不断深化和改进的基础，它是以质量为中心,促使员工在思想和思维方式等方面形成以质量价值为主体的一种氛围。但现实中,普遍存在对质量管理认识不足、贯彻不力的情况。图书馆藏书质量管理仍处于质量检验阶段,事后把关。主要表现在:只管结果,不管过程,如在藏书中,规定了许多指标,到时去检查,完成了就算达标,过程怎样却不过问,这等于说,达标是检查出来的,不是"创建"出来的,也无须控制或反馈。因此,必须强化质量文化在图书馆藏书管理中的地位和作用,发挥文化的渗透作用,促进质量文化与图书馆发展战略有机结合,使管理既有价值观的导向,又有制度化的规范,推动图书馆藏书质量管理水平的提高。

问题四:缺乏对读者服务的定位

图书馆藏书建设没有充分结合图书馆的宗旨和读者的真正需求,对于读者需求,多数是靠设想或推测了解的。藏书应从以量为主转为以用为主,注重用户参与,开发用户的文献资源,总之,一切都要围绕用户展开。

问题五:藏书发展评价标准滞后

对藏书发展评价标准认识障碍。在图书馆工作中,分类、编目、采访、流通、自动化建设参考咨询、编辑出版、装订等项均有可评价的标准,清晰度较高,因而受到重视。藏书发展工作则没有清晰的标准来评价或衡量,经常被认为是在幕后进行的工作,可见度不高,其功能发挥也被认为不是直接的。

综上所述,再按照传统意义去规划文献资源和管理经费等,已经很难保持全面科学地发展。为此,出台一套完善的、顺应时代发展同时符合上海图书馆实际情况、能改进当下工作、规划未来道路的藏书发展政策,这是上海图书馆亟待解决的问题。

第二节　研究意义和思路

一、相关研究综述

国外关于藏书发展政策的研究始于20世纪70年代,以美国图书馆界最为突出,在此方面从理论研究到实践工作都卓有成效。国内最早可追溯到肖自力先生 1982 年翻译介绍的美国图书馆协会资源与技术服务部资源分布藏书发展委员会制定的《藏书建设方针规范指南》。自此,国内学者陆续开展了对藏书建设、藏书发展、藏书发展政策的研究。藏书发展政策内涵相当广泛,相关内容比如图书采访工作、藏书建设、馆藏结构、经费分配、藏书剔旧、馆际协作与资源共享等,都有专门的论文甚至专著论述,但相对于藏书发展政策这个更系统、更宏观的概念来说,上述研究都只涉及其中的某个方面、某个细节,并没有理清有关藏书各项工作之间的关系,很难让人从整体上把握藏书发展政策这个有机体的内涵与外延,更谈不上发挥其对图书馆工作的指导作用了。真正关于藏书发展政策的研究,即以“藏书发展政策”为题的论文并不算丰富,除了上世纪 90 年代后半期到本世纪初以外,其余时间的研究都是分散而不系统,成果甚微。由肖希明和袁琳合著的《中国图书馆藏书发展政策研究》于 2002 年出版,是“面向 21 世纪的中国图书馆藏书发展政策研究”项目成果的最终体现,这是国内第一部系统研究藏书发展政策的专著,填补了国内该领域研究的空白。总之,十几年来,国内对于藏书发展政策的研究从无到有,从主要向国外借鉴学习到自己开展理论研究、实践调查乃至运用到实际工作指导中,从零星研究到比较系统的研究再到重点研究,是一个不断进步的过程。

二、研究意义

图书馆最基本的构成要素及最主要的业务工作就是藏书,图书馆服务质量的好坏与藏书质量有着十分密切的联系,因而只有制定科学的、规范的藏书发展政策,才能使图书馆得到良性发展,图书馆的藏书才能体现它的价值。

第一,研究藏书政策对上海图书馆藏书实现规范化发展将发挥巨大的作用。

第二,将有力地指导和推进上海图书馆藏书建设,从而对图书馆藏书结构和藏书发展提供前瞻性预测和指导。

第三,将管理思想从前沿理论转变成图书馆藏书标准运行模式。在标准化管理中,建立标准化管理体系,完善管理机制,注重标准制定的有效性,完善标准化监督机制及激励机制,合理利用资源。

第四,根据用户要求满足状况对图书馆藏书进行准确的评估。这将有助于创造一种内部评估机制,以跟踪流程绩效变化,快速作出反应。依据这些评估获得的数据安排藏书工作的重点和资源配置,从而使图书馆对藏书设计或改进方案的投入获得更大收益。

三、研究思路

通过上述分析,这些问题表明了传统藏书体系向现代藏书体系的转换。研究藏书结构问题需要修改藏书分析的传统方式。这意味着对藏书体系的运行必须附加一些约束条件,政策结论相应地要更具体一些。本研究认证藏书发展政策的方法表现为三条平行的研究线索。

第一条线索贯穿于比较计量经济研究中,它力求设别需求、价值和藏书结构变化的统一形式,以及上海图书馆藏书规模和特征对这些形式的影响。以这种方法确认藏书发展的"程序化事实"为上海图书馆藏书模型的普遍化提供基础。

第二条线索贯串于由国外图书馆藏书结构、资源和政策条件合并构成的发展模型中,这些模型既用于分析过去的藏书结构变化的根源,也用来模拟未来可供选择政策的效应。

第三条将管理引入藏书发展政策研究项目中,帮助图书馆了解并提供现有读者、潜在读者需要的价值,图书馆一直都在追求"要满足并超出读者的期望和要求",但要真正做到这一点,需要以事实和数据为驱动,关注读者需求的动态特性,致力于对流程的改进和设计,用主动管理的方式来检查长期目标的逐步实现。

对于图书馆来说,不管其藏书规模大小,让所有员工向着同一方向,朝着同一目标努力都是一件非常困难的事情。虽然他们都有各自的方向和目标,但有一个共同之处,就是向读者提供文献、服务或传递信息。

第三节　主要框架与内容

本研究除绪论外,由三个部分组成,共分二十一章。

第一章　阐述制定藏书发展政策,可以帮助图书馆选择收集文献、进行宏观规划、协调与用户的关系、促进与其他机构的藏书合作及共享。

第二章　提出上海图书馆藏书发展政策理念是"服务对象需求拉动政策"及"减少藏书发展活动中的浪费"作为政策制定的两大核心,确保政策以满足用户需求为最终目标,将各种不必要的投入转化为价值。

第三章　从用户立场出发,切实满足用户需求,打造上海图书馆的服务品牌,并致力于对藏书发展活动的持续改善,顺应时代的变化趋势,强调政策从制定到执行的全过程都倡导全体馆员的参与改进,有效提高馆员业务工作积极性,提升整馆的核心竞争力。

第四章　阐述藏书发展政策在图书馆的整体发展过程中,起着不可或缺的作用,它对整个藏书发展目标和计划的把控,对细节和规范的制定等,使其在图书馆的发展中,占据着重要且主导性的地位。藏书发展政策是一个具有丰富内涵的政策体系,它注重整个图书馆系统之间的协调关系,对文献资源建设、馆藏发展、采访工作、经费管理、读者服务工作等都具有重大的作用。

第五章　从藏书发展政策的宏观角度来看,可以确立发展方向、预估发展阻力、筹划发展路径;从藏书政策的微观层面,可以布局各项业务、提供操作依据、确保运行稳定,让馆员在开展各类工作时有章可循、有据可依。

第六章　在将国内与国外藏书政策进行对比分析的基础上,提出上海图书馆藏书发展政策的道路和基本思路。

第七章　藏书发展政策是图书馆必不可少的政策性文件,它引导着整个图书馆的发展方向,也规范着图书馆馆藏建设中的各个具体工作环节。它虽然是一份政策性文件,但也会随着时代的发展与社会的变迁而不断产生变化,观其历史的沿革,可以看出上海图书馆的过去,同样能预测上海图书馆的未来。

第八章　由制定、执行、监控、反馈、评估等多重机制架构起来的上海图书馆藏书发展政策,能够确保上海图书馆藏书发展政策的顺利出台、执行并且获得既定的效果。

第九章　在分析上海图书馆藏书发展政策现状特点的基础上,着重探讨了应如何把握内部与外部环境转变所蕴含的机遇,通过对传统的文献采集、管理组织、传递服务等一系列藏书发展业务进行调整,形成有效的应对挑战的措施。

第十章 对上海图书馆五种结构元素及其相互之间的联系与组合进行分析,由此全面掌握上海图书馆现有的馆藏文献构成体系。并在此基础上,通过分析上海图书馆文献资源建设过程中存在的优势与薄弱环节,以及来自外界的各种机遇与挑战,就如何进一步完善上海图书馆藏书结构、提高馆藏质量、深化用户信息服务与地区资源保障职能、并最终获得长远发展提出建议。

第十一章 分析了上海图书馆现行文献剔除条例以及剔除文献后续处理工作的现状,指出其中存在的不足之处,并提出了改进建议。

第十二章 信息环境对上海图书馆的藏书发展影响,这些影响变化对上海图书馆的藏书政策提出了新的挑战和机遇。

第十三章 从体系结构、文献资源共建采集、文献资源共享服务以及管理模式四个方面,对上海图书馆合作藏书与资源共享的现状进行了概括,并分析了上海图书馆合作藏书与资源共享的益处、障碍与发展的机遇,通过打破行业壁垒、建立信息平台、优化资源布局、提升服务能级、带动共同发展等多种方式,进一步推进上海图书馆合作藏书与资源共享建设。

第十四章 根据文献的流通或保障功能确定不同的采访重点;确定上海图书馆中文书刊复本量、外文书刊采访重点学科及电子资源与纸质资源的分配;建立控制标准体系、决策保障机制与评价机制,确保上海图书馆文献采访质量;开展文献采访人本管理,通过组织培训、参与决策、丰富工作形式、建立学科馆员制度等,全面提高采访人员综合素养。

第十五章 在实际工作中,上海图书馆面临着文献剔除标准落实困难、把握不易、被剔文献后续处理途径不畅等各种问题。本章运用管理的思想来对上海图书馆的文献剔除工作进行改进与规划。

第十六章 建议完善统筹运行机制,定期开展馆藏古籍普查、选择恰当的古籍保护方式、对古籍保护成果进行严格评估;建立技术保障机制,为现代化的古籍保护工程推进提供技术支持;加强专业人才培养,以人为本的管理模式,并与地区各古籍收藏机构联合共建;深化社会宣传,更新宣传形式,丰富宣传内容,拉近古籍与社会公众的距离。

第十七章　信息环境下上海图书馆的藏书发展规划主要分为三个层面来进行。首先是基础设施建设层,其次是数据资源建设层,最后是服务拓展层。基础设施建设层主要包括一些信息化环境下上海图书馆重要的软、硬件设施建设。数据资源建设层主要包括明确建设方向和目标、调整相关政策、建设数据库、特色资源和共建共享等。服务拓展层主要包括软环境建设、员工培训和再教育、探索个性化服务定制等。三个层面建设虽然有从基础到高层的递进,但彼此间关系密切,互为辅佐,任何一个环节的薄弱都会影响到整体的发展成效。

第十八章　主要从以下三个方面探讨上海图书馆虚拟馆藏建设设想:一是主要包含虚拟馆藏的含义、构成要素、特点及必要性;二是主要从付费虚拟馆藏和自建虚拟馆藏两部分来阐述,分别研究了两类虚拟馆藏的主要内容流程和建议;三是虚拟馆藏与实体馆藏一体化发展建议,探讨了如何使虚拟馆藏和实体馆藏互通互融、并存互补,形成馆藏一体化的和谐发展模式。

第十九章　参与共建的图情机构应根据具体的服务对象与服务地区的特点,发挥各自所长,形成各自特色,明确具体的藏书结构,并在此基础上与其他机构有机融合,进而构成整个上海地区的文献资源体系,并通过文献资源布局,各家机构可以通过分工合作减少重复的资源采集、组织整合、传递服务等多方面的资金、人力与时间等多项投入,并将这一部分节省的资金用于共同缺藏文献的建设,使上海地区的文献资源尽量收集齐全并体现出多样性、专业性与连续性的特点,用最少的投入获取最需要的资源。

第二十章　探讨了上海图书馆在藏书发展过程中,如何通过制定合理的经费政策,将有限的经费发挥出最大的效益:一是阐述上海图书馆的经费来源及经费预算;二是研究合理的经费分配政策制定流程,包括明确经费分配政策的制定原则和目标、制订年度经费预算总体计划、制定各项文献资源经费分配比例、制定其他特殊情况下的经费使用准则等;三是研究在藏书发展过程中的经费控制措施,如政策约束和审批制度等。

第二十一章 依靠标准与方法来监控藏书发展工作的质量,以保障藏书发展的方向与上海图书馆的性质与任务一致,不偏离轨道。

本研究创新点:

1. 探讨国外图书馆关于藏书发展政策的一般规律,总结其对上海图书馆可资借鉴的经验。

2. 分析当前上海图书馆藏书现状和面临的形势,以及新现实的趋势给上海图书馆藏书发展带来的机遇和挑战,建议实行上海图书馆藏书发展战略的转型。

3. 本研究运用现代管理学的理论和方法对图书馆藏书进行了创新性研究。提出图书选择、经费和管理等在藏书中的地位、功能及各自量化的表现,并以此为基础对藏书提出要求,使藏书发展政策研究更有现实基础。

4. 用科学、有效的量化方法,分析和改进业务流程中的关键因素,减少缺陷,缩短运营周期,降低成本,从而提高读者满意度和实现最大收益。

5. 总结分析上海图书馆现行藏书发展战略对上海图书馆藏书发展政策的正反影响;探索上海图书馆藏书发展可持续性与制度创新、藏书结构调整、用户、资源和环境发展等有关社会发展变化及其相互关系,提出上海图书馆藏书发展政策的战略建议。

俞国琴

第一部分

基 础 篇

第一章 藏书发展政策概述

第一节 藏书发展的概念

要阐释图书馆藏书发展政策的概念,首先要明确何为"藏书发展"。"藏书发展"的英文原为"Collection Development",是图书馆运作建设的基本内容,也是一个含义丰富的概念。美国著名图书馆学家埃文斯(G. E. Evans)指出,藏书发展是一个"弄清楚图书馆所服务的人群的情报需求,制定规划收集文献,克服藏书中的薄弱环节,保持藏书的活力,以保证用户使用信息资源的过程"①。

我国藏书发展政策研究第一人汪冰在埃文斯给出的定义的基础上,将藏书发展解释为:"图书馆在分析社区和读者需求、评价馆藏的基础上,根据制定的藏书发展政策,藏书的输入(选择和采访)和输出(淘汰与剔除)达到最佳状态的一种工作;从图书馆社区分析和读者研究、馆藏发展政策的制定,到图书的选择与采访和藏书的评价、剔除、维护,再到合作藏书发展与资源共享都是其研究范围。"②

有关藏书发展政策的理论研究与实践起源并兴盛于美国图书馆界,早年在我国学者的相关著作中经常被译为"藏书建设",并多与"文献采访"的概念混为一谈。对此,我国藏书发展政策研究的集大成者肖希明在其具有代表性的论文——《我国图书馆应重视藏书发展政策研究》中,对这三者之间含义的差别与相互之间的包含关系作了比较科学的辨析。

肖希明认为,"藏书发展"与"藏书建设"及"文献采访"密切相关,但

---

① 肖希明,王友富.国外图书馆藏书发展政策理论与实践的发展[J].图书馆,1999(1):13-17.
② 汪冰.藏书发展政策研究(硕士学位论文摘要)[J].图书情报工作,1994(5):32.

它们并不是同一概念。"文献采访"是遵循一定的方针与原则挑选、采用一定的方式与途径收集合适的出版物的活动,是藏书发展的重要内容,但不是它的全部工作;"藏书建设"一般认为是指符合图书馆任务与读者需求,系统地建立、发展、规划、组织藏书体系全过程,包括藏书基础模式确立、藏书体系规划、藏书补充、藏书组织管理等,藏书建设活动涉及藏书发展活动的大部分内容,但仍然显得过于狭窄和微观①。

第二节　藏书发展政策的定义

藏书发展政策(Collection Development Policy,CDP)的定义从其理论研究兴起至今并无多大变化。美国图书馆协会 1987 年的藏书发展政策撰写指导将其定义为具有"限定一个图书馆现有馆藏的范围,为资源的持续发展制订计划,明确藏书的优势,概述选书原则和机构目标之间的关系、总的选书标准和知识自由"功能的文件②。目前,国内外学者则普遍赞同和引用美国学者奥斯本(C. B. Osbum)的观点:藏书发展政策是图书馆对不同学科领域、不同深度和广度的资料作出选择和保存决策的指南,是图书馆规划藏书发展合理安排购书经费的基本依据。同时,藏书发展政策是一个关于各种藏书活动的政策体系,是馆藏发展的规定性文件、运行规则和基本依据,是馆藏布局的基础③。

第三节　藏书发展政策的内容

藏书发展政策是为图书馆的藏书发展活动提供宏观指导和运作规范,涉及图书馆工作的各个方面。综合国内学者的研究成果,藏书发展政策具体可以划分成文献采访、经费分配、藏书管理与文献资源共建共

---

① 肖希明.我国图书馆应重视藏书发展政策研究[J].中国图书馆学报,1998(3):44-49.

② 肖希明,肖婷.国外图书馆藏书发展政策面临的问题与走向[J].图书与情报,2007(3):22-24,31.

③ 钟建法.十年来我国藏书发展政策研究综述[J].大学图书馆学报,2004(6):43-46.

享四个业务工作政策板块，此外还应包括藏书现状、服务对象需求、藏书发展规划等各种具体业务工作政策制定的客观依据。

一、藏书任务与藏书现状

藏书任务是指政府及有关部门颁布的图书馆工作条例中规定的各类型图书馆的性质属性与收藏任务；藏书现状是指图书馆内已经形成的藏书规模与藏书格局，即各学科出版物在文献载体、语种、收藏等级等方面的品种、数量及相互之间的比例关系，以及从中反映出的藏书优势特色与薄弱环节。

二、服务对象的文献资源需求

图书馆通过为服务对象提供文献资源体现价值并发挥馆藏文献资源的社会效益，满足服务对象需求是图书馆发展运作的动力与目标。藏书发展政策需要分析服务对象的特征，并结合服务对象对馆藏文献的实际利用状况分析服务对象的需求。

服务对象的范围比较广泛，涵盖了个人用户、集体用户、图书馆所属的地区以及机构等，因此阐述的内容应包括：图书馆用户的数量、类型、结构、需求特点；所在地区的经济、生产、科研、文化、历史、社会等多方面的特点与发展动向；所属机构的性质、任务、规模、发展目标，以及教学、研究、生产的重点领域等。

三、藏书发展规划

图书馆需要在本馆藏书任务与现状、服务对象实际需求的基础上，在藏书发展政策中对未来阶段的藏书发展活动作出一个具体的规划，包括藏书发展模式、藏书发展目标、重点藏书发展领域等。

四、藏书发展纲要

藏书发展纲要是藏书发展政策的核心内容，是图书馆对各类馆藏文献采集收藏工作的指导原则。藏书发展纲要需划分藏书学科范围，制订学科框架一览表，然后根据文献内容的水平及用户的不同需求层次，对各学科范围的文献划分出若干层次的收藏级别，并规定各级别所应达到的收藏目标,再结合文献的语种、出版年代、资料类型等,设计出一个"藏书结构一览表"。"藏书结构一览表"是对图书馆在未来阶段要形成的藏书结构的规范化描述,也是馆员执行具体的文献选择与采集的标准、馆藏评价的依据。

五、文献采访政策

文献采访政策部分需规定文献采访业务工作的一系列具体事项,首先确定馆藏文献采选的总体方针与原则,要在藏书发展纲要的基础上,结合图书馆的性质任务与实际的服务对象需求,界定本馆全面采选、重点采选、少量采选、不予采选的文献范围;其次明确各类型文献的采选事宜,包括选择的原则与标准、复本政策、采购办法(包括采购、捐赠、交换、征集等)、具体的操作流程与规范、经费的使用、不同类型文献相应的评估方法等。

六、经费分配政策

经费分配政策要确定文献采购经费使用的原则、目标与方法,并确定一些特殊情况的处理原则,如选订高价文献的原则、同一出版物以两种以上载体形式出版时的选订原则、经费紧张时优先保证重点的原则等。

七、藏书管理政策

藏书组织与管理是文献收集与提供读者利用的中介,直接关系到藏书的使用效益。藏书管理政策中需包括藏书的加工、整序、传递服务的一系列标准和工作程序,以及藏书保护工作与藏书剔除工作的相关内容。

八、合作藏书发展与资源共享政策

这一部分政策需确定合作藏书的目标、任务、参加合作图书馆入藏文献的范围、应该承担的责任、文献的报道和共同利用;明确图书馆在馆际互借与资源共享方面的权利与义务、文献传递的方法和程序。政策要起到调节和平衡馆际互借中的利益关系的作用,使参与馆际互借的各单位都受惠。合作藏书与资源共享政策应当由参与合作与共享的图书馆或图情机构共同制订,并对每一个成员具有约束力。

九、电子资源馆藏政策

藏书发展政策是一个呈现开放状态的体系,其内容会随时代变迁、图书馆面临的内部与外部环境各种因素的更新而不断吐故纳新。近年来最显著的变化,便是信息环境的剧烈变化对传统的藏书发展政策的内涵与结构产生的深刻影响。新型信息载体的大量涌现,网络的迅速普及,社会信息需求的多元,使得各级各类图书馆纷纷加大了对电子资源的建设力度,藏书发展政策也需作出相应调整。

有关电子资源建设的相关条款是需要另立章节单独阐述,还是分散在原有的各项具体业务工作政策中进行叙述,国内外学者并未达成统一共识,但毋庸置疑的是,转型时代图书馆的藏书发展政策需要重点体现电子文献资源建设的地位、特殊性以及与传统纸质文献资源的整合,主要表现在:① 藏书发展目标、藏书发展模式以及馆藏结构的调整,形成不同载体文献多元复合的新型馆藏构成;② 文献采访方面的调整,制定出电子资源独有的文献选择标准、采集技术与评估方法体系;③ 管理组织方面的调整,确定电子资源的整合、维护、提供用户利用、知识产权保护等各项事宜;④ 经费分配方面的调整,合理安排各种类型文献的经费比例,注意电子资源与纸质资源的比例平衡,并充分考虑馆际互借和在资源共享中利用网络信息资源的费用。

第四节　藏书发展政策的意义

制定一套完整合理、贴近图书馆工作实际的藏书发展政策能够帮助图书馆实现全面科学的管理,提供优质服务,谋求健康持续的发展,提升自身竞争能力。国际图联(IFLA)将藏书发展政策制定与实施的意义概括为"选择""计划""公共关系"与"更加广泛的应用"四个方面,具有代表意义[①]。我国学者对于藏书发展政策意义的总结,也基本是

---

① 肖希明,肖婷.国外图书馆藏书发展政策面临的问题与走向[J].图书与情报,2007(3):22-24,31.

围绕这四个方面延伸开去。

一、选择

藏书发展政策最主要的功能就是指导图书馆对于文献的选择。它在大量事实调查分析的基础上,提出各类文献的选择标准,对各种不同类型、不同载体、不同语种的文献比例作出规定[①],因此既具有可操作性强的特点,可以成为馆员的工作指南,减少文献选择收集过程中的个人偏见,又能保证藏书发展程序的连续性和一致性,不受人员和经费变动的影响[②],保证文献资源建设质量。

二、计划

藏书发展政策是立足于图书馆的实际,是基于图书馆所处的内外环境对本馆的具体需要,因此它可以帮助图书馆进行一系列宏观规划,例如为确立藏书发展模式、藏书发展目标与重点藏书发展领域等提供切实有效的指导,为领导层在进行资金分配与预算计划、作出文献采集与管理、用户服务、馆际合作等多方面重大决策时提供有价值的参考依据。

三、公共关系

藏书发展政策能够帮助用户了解该馆馆藏的性质和范围、馆藏发展的目的和计划,因此可以看作是图书馆与用户签署的一项合同,它向人们证明他们可以从图书馆获得什么样的藏书和服务[③];另一方面,藏书发展政策将图书馆藏书目标、可提供的资源与图书馆任务结合起来,将尽量满足用户需求、提高服务质量作为藏书发展建设的重点,因此有助于图书馆更好地开展用户服务工作,提高用户满意度与馆藏文献利用效益。

---

① 吴冰. 馆藏发展政策的制定及其在文献资源建设中的作用[J]. 图书馆论坛,2000(4):43-45.

② 肖希明,王友富. 国外图书馆藏书发展政策理论与实践的发展[J]. 图书馆,1999(1):13-17.

③ 肖希明,肖婷. 国外图书馆藏书发展政策面临的问题与走向[J]. 图书与情报,2007(3):22-24,31.

四、更加广泛的应用

当虚拟馆藏逐渐走入人们的视野,区域图情机构间的文献资源共建与共享逐渐成为业界发展趋势,图书馆的藏书发展政策将在更广泛的领域获得应用,主要表现在其对不同机构间的合作藏书发展与资源共享能起到积极的推动作用。制定藏书发展政策,就其微观而言,它可以使各馆藏书特色更加鲜明,结构更趋合理,从而为馆际合作藏书发展提供基础和依据;就其宏观方面看,政策可以明确各馆参与合作藏书发展的权利与义务,建立一种利益的平衡和制约机制,保证成员馆都能得到实惠,并充分调动其积极性[①],推进合作藏书与资源共建共享的良性发展。

---

① 肖希明.我国图书馆应重视藏书发展政策研究[J].中国图书馆学报,1998(3):44 - 49.

第二章 上海图书馆藏书发展政策

第一节 "拉动式"思想

上海图书馆的藏书发展政策以提高政策的服务对象满意度作为核心理念，致力于减少或消除一切可能降低服务对象满意度的因素。政策的制定是一个由服务对象的需求"拉动"的过程，而不是从制定与实行者本身角度出发的"推动式"过程。需要明确的是，此处所指的政策的服务对象分为外部的用户与内部的馆员两个方面。

我们在设计上海图书馆的藏书发展政策时运用"拉动"的概念，让用户的需求来拉动服务，即从服务对象的需求出发，规划藏书发展目标、确立藏书发展模式、布局藏书发展业务模块、调整现行业务方案、设定各项工作流程。要根据服务对象的需求不断转变思路，调整工作重心，而不是贪图省事，照搬现有的工作模式，凭借一些所谓的经验与常理进行判断。

比如，在设计馆藏文献采访结构时，根据上海图书馆所服务的上海及长三角地区近年来的发展趋势、新兴学科产业与重点建设项目来选择重点采集收藏的学科与文献载体，以体现上海图书馆地区建设重要文献信息资源保障中心的职能。与此同时，充分深入地调研上海图书馆主要用户群体的阅读倾向、阅读需求、阅读习惯以及近几年对于上海图书馆馆藏文献的利用情况，在此基础上对采访重点学科作出适当的增补与删减，使购置的文献能够尽可能地贴近用户的需求，馆藏文献可以获得最大化的利用效益，同时节省有限的财政资金。信息时代下，用户对于图书馆馆藏文献的需求趋于多样化且变化迅速，对于文献的学术含量与实用价值的要求也越来越高，藏书发展政策如不能以满足用户需求作为最高目标，将沦为一纸内部文献采集与管理的操作文件。

又如,在调整或重组各项藏书发展业务流程时,重点参考各个业务模块一线岗位员工的反馈意见。通常情况下,某项业务工作的流程布局是否合理、审批环节是否过于繁琐等,最了解的往往不是设计该流程的中高层领导者,而是具体承担该项职责的员工。只有仔细听取广大馆员的意见建议,才能确保制定出的政策优化了现有流程、可以提升工作效能且操作规范明确。

上海图书馆藏书发展政策的制定要实现"拉动式"的过程,调研是最重要的执行方式,由服务对象的需求拉动政策的诞生,必须以大量可靠的事实为依据。政策的制定系统必须具备足够的实事求是的精神,并且建立一些有效的调研体系与手段。

第二节　减少浪费

审视上海图书馆的藏书发展活动,会发现同样存在各种浪费,比如:某个项目投入了过多的经费但未能获得既定的效应;某些工作流程环节繁琐且没有必要,拉长了工作周期,降低了工作效率;某些文献长期无人问津,没有获得充分的流通运转;某些书库内不收藏入库的资料堆积过多,占据了原本就有限的藏书空间。

上海图书馆藏书发展政策的另一设计理念,就是要充分挖掘出上海图书馆运转中的各项显性或隐性的浪费,将其转化为价值。

比如,检查每笔经费的使用情况,完善资金使用的审查与审批手续,加强与代理商的接洽工作以争取更多的折扣,探索诸如联合采购等更能节约经费的采购方式;调查用户阅读偏好与需求,在此基础上重新设计采访学科结构,调整重点学科;用"5S"管理方法①调查书库内的无用资料堆积情况,理清书库工作的各个环节,明确哪些是需要入库的文献,哪几个需要动用书架的文献排架步骤是必要的,剔除不入库的文献,简化文献排架上架的步骤,尽可能地加快书架的周转。

---

①　"5S"是整理(Seiri)、整顿(Setion)、清扫(Seiso)、清洁(Seikeetsu)和素养(Shitsuke)5个词的首字母缩写,"5S"管理方法要求通过规范现场与现场物品,对人员、设备、材料、方法等要素进行有效管理。

其中,对于具有一定重复性规律性的业务工作,可运用精益管理的工具进行流程的重组与再造,尽可能地删减或调整不产生价值的环节。比如我们可以用绘制价值流图的方式来优化中文图书的编目加工流程。上海图书馆的中文图书原先只在莘庄书库设立了一个加工点,先在本馆采购中文图书,再运送到莘庄进行拆包、验收、贴馆藏条码、加磁条、加 RFID 标签等一系列前期加工工序;随后运送回本馆进行编目,编目完毕再统一送至莘庄打印并粘贴书标。我们将某本中文图书设定为上海图书馆的一种产品,该产品从购入到最后放置在书架上供读者使用的整个过程可用简易的价值流图来表示,如图 2-1。

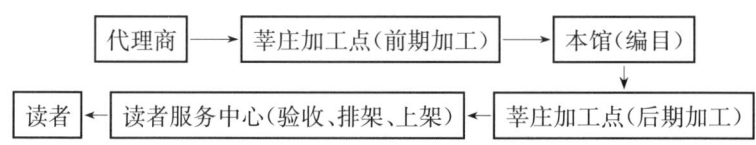

图 2-1　图书上架价值流图

由上述价值流图可以发现,这本图书需要经过多个复杂的步骤才能最终被读者所利用,整个周期内产生了大量的浪费,比如在物流配送上要花费多余的时间、人力与经费,莘庄基地与本馆之间可能产生的沟通不畅又会进一步拉长图书上架的周期等。

为了解决这一问题,前几年采编中心在莘庄加工点新设了编目基地,并为此特别培训与配备了一批驻莘庄加工点的编目人员,由此中文图书的价值流得以简化,虽然为此多支付了一笔培训的费用,但与由此节省下的大量时间、人力与资金成本、大大缩减的新书上架周期以及随之带来的读者满意度的提高相比,额外支出的培训费用可谓微不足道了。

将浪费转换为价值时,同样需要严格遵循由服务对象需求拉动的设计理念,正如产品的价值结构必须由最重要的服务对象来确定,上海图书馆藏书发展业务的价值也要由其主要服务对象来决定。比如文献的利用价值方面,主要阅读群体为普通大众的普及类图书的价值体现在是否实用、语言解释是否通俗易懂,为科学研究服务的科技专著的价值在学术含量的丰富程度、所反映的内容在该领域的尖端性等。

第三章　上海图书馆藏书发展政策特点

第一节　顺应时代变化

上海图书馆藏书发展政策无论在前期制定还是后期执行及修订阶段，都强调对于馆藏发展业务的持续改善。在制定政策时，上海图书馆的运行状况以满足服务对象的需求为宗旨，挖掘出馆内存在的各项浪费并着手改进、调整策略、优化流程，使设计出的藏书发展政策能够切合上海图书馆工作实际、贴近用户需求、提升馆员工作效率、顺应时代变化形势。

政策出台并投入运行后，将依靠完善的执行系统，确保将来一段时期内获得切实有力的执行，稳定地发挥并维持预想的效果。同时，由于实际操作与前期预想存在一定偏差、上级管理单位相关政策出现变化、外部网络信息环境日新月异等因素，政策在执行过程中或多或少地会产生一些新的缺陷，此时就要充分发挥监控系统与反馈系统的作用，及时发现这些新出现的问题并联合各个系统的力量尽快解决，实现藏书发展业务的持续优化。另外，政策在进入新的修订周期时，要将前一个执行阶段内总结的新问题的解决方案体现在修订的版本中，使上海图书馆藏书发展活动能够始终适应外部与内部的形势变化。

第二节　顺应用户需求

将馆藏文献资源提供给用户是上海图书馆实现其区域大型公共图书馆职能的体现，上海图书馆要始终致力于为广大用户提供优质的服务,打造具有竞争力与影响力的服务品牌,一切从用户需求出发可谓不谋而合。上海图书馆的藏书发展政策的规划发展目标、设计藏书结构、调整工作模式、优化工作流程,一系列行动都是为了使制定出的藏书发展政策能够最大限度地满足用户的需求,甚至超出用户的期望。

另一方面,政策颁布后以纸质文件等形式发放到全体馆员手中,并辅以相关的宣传活动与业务培训,将帮助每位馆员正确理解上海图书馆藏书发展政策的设计理念,牢牢树立起服务至上的思想观念,培养起做任何工作都优先从用户利用的角度考虑的习惯,努力具备高尚的图书馆员职业操守。同时,从制定到执行的整个过程都应有各个层级馆员的全程参与,这些馆员会对服务有更直观的认识与更切身的体会,实际工作中,这批馆员在实践服务的同时也会带动周围的同事理解服务、学习服务、贯彻服务,最终在全馆形成良好的服务文化。

第三节 提升员工的积极性

上海图书馆藏书发展政策经历制定、执行与修订等多个阶段,全程需要上至高层领导、下至一线员工,各个层级馆员的参与。政策体系强调的是以人为本的管理文化,注重普通馆员尤其是一线岗位员工的作用,馆员可以充分发挥其主观能动性,结合自身工作实际,为政策的制定提供有用的反馈与改进意见,认真观察政策在所负责岗位的实行效果与各种显性或隐性的问题,及时向上级领导汇报并给出自己认为可行的解决方案。体系要求每位馆员都能够挖掘自身潜能与创造力,为上海图书馆的藏书发展业务的持续改善作出长久的贡献,并且实现与图书馆的共同成长。体系内的反馈接收与回复机制必须格外完善,以确保能够听到馆员的声音并作出有效的回应,提高馆员参与的积极性。

同时,消除一切浪费的方针要求最大限度地发现各项业务工作中存在的不增值的部分,并利用各种工具进行改进,努力追求精益求精、尽善尽美。政策的体系在引导全体馆员参与制定与完善政策时，要提倡馆员培养寻找浪费的意识、学习消除浪费的方法，养成凡事多思考多观察、尽力追求卓越的良好习惯，由此不断改进各项藏书发展业务，提高整馆的核心竞争力。

第四章　上海图书馆藏书发展政策的地位与作用

第一节　藏书发展政策的地位

一、藏书发展政策是上海图书馆生存的标志

上海图书馆的藏书发展政策以正式文件的形式对全馆各项藏书发展相关工作做了最为权威且详尽的描述,在上海图书馆的管理、运行、发展过程中始终居于核心地位并始终发挥纲领性的作用,是上海图书馆得以建立并存续的标志。上海图书馆执行怎样的藏书发展政策,可以反映出上海图书馆具有怎样的性质,拥有怎样的定位,被赋予怎样的任务,为怎样的用户服务。

二、藏书发展政策是上海图书馆发展的动力

全球数字化信息化的时代,图书馆所处的外部与内部环境都在发生着剧烈的变化,并正面临着用户阅读习惯与需求转变、忠实用户群体被网络与数字出版媒体分流等诸多严峻的挑战,上海图书馆为保持其核心竞争力,实现新形势下的转型与升级刻不容缓。上海图书馆将以藏书发展政策中的藏书发展目标为前进方向,以藏书发展模式为依托,逐步完成从纸质文献资源为主的传统图书馆模式向纸质文献与数字资源并重的复合型图书馆模式的方式转型。藏书发展目标与模式的制定合理与否,关系到上海图书馆未来发展将要达到的高度,面对多重挑战时能够取得的优势。

三、藏书发展政策是上海图书馆运行的基础

上海图书馆要维持正常运转并持续为用户提供稳定优质的服务,

必须要有一个正式的系统性的政策文件进行支撑。藏书发展政策能串联起上海图书馆藏书发展业务的各个模块,规范馆藏资源建设与发展的组织机构、运行方式、操作程序等,一旦投入执行,便具有一定的法规性质与约束能力。

第二节　藏书发展政策的作用

一、藏书发展政策为上海图书馆藏书发展提供宏观指导

上海图书馆藏书发展政策将立足于上海图书馆馆藏文献资源现状,在明确上海图书馆的定位、使命、任务、发展目标与用户需求的基础上,科学合理地制定上海图书馆藏书发展各项工作体系,指导上海图书馆的馆藏建设,使其能为藏书发展相关工作提供宏观的指导作用。一是藏书发展政策不同于采访政策等各项单一政策,它是一个完整的政策体系,政策整体从一个全面而宏观的大框架和发展方向上为藏书发展提供宏观性的指导作用。二是藏书发展政策制定时所奠基的现实基础和数据依据,也已综合考虑分析了图书馆的内外环境,具有很高程度的可靠性,因此也能够从一个较高的层面为藏书发展、馆藏计划等提供宏观指导。

二、藏书发展政策为上海图书馆决策提供重要依据

藏书发展政策的特性和制定过程,使得其能够在图书馆的藏书发展方向、目标等重大决定中,提供重要的依据和参考。首先,藏书发展政策在制定的前期准备工作中,会对政策的内外环境进行一个系统的调查,包括对图书馆定位、图书馆所处地区背景、读者需求等一系列内容进行数据调查、分析和研究。经过这样一个基础的数据奠基后,再结合图书馆本身的相关特点和需求,诸如资金需求方面、馆藏计划方面之类的因素,周全考虑了现实基础和客观依据后所制定出来的完善且合理的藏书发展政策,势必能为图书馆提供诸如发展方向、藏书发展目标、经费预算、资金分配、发展计划等诸多相关决策提供可靠信息,为制订图书馆近期和远期的发展规划提供有力依据,成为图书馆相关决

的重要依据和参考。另一方面,藏书发展政策稳定性和连续性的特点,使得政策内容能够不断适应新的内外部环境的变化,也体现了其作为决策指导依据的可靠性和实时性。

三、藏书发展政策为上海图书馆藏书发展工作提供规范标准

藏书发展政策不仅能够提供宏观性指导,还能够在具体的操作细节上提供规范和标准。也就是说,藏书发展政策作为图书馆藏书建设的指导性文件,在制定时,必须遵循可操作性强的特点,在对藏书发展、馆藏建设等大方向进行把控的同时,对于相关工作人员在具体工作中的操作细节也必须提供相应的规范和标准。比如,政策应对组织与分工、经费比例、采选标准、复本量等内容进行具体规定。这些指导性和指标性的规范标准,能够使工作人员可以在具体的操作过程中做到有章可循,有据可依,从而有效地减少工作人员操作时的盲目性和随意性,保障文献资源建设的质量,保证藏书发展的连续性和一致性。

四、藏书发展政策有助于协调图书馆内部的关系

藏书发展政策的制定和实施,使图书馆成为一个内部间不断互动、紧密联系、共同发展的生命有机体。过去单一的采访政策等的实施,面对的操作部门范围也较单一狭隘,各部门之间可能存在各自为营的现象,对藏书发展的共同目标、发展方向等的整体规划把握较弱。一个完善的藏书发展政策能够从整体层面对图书馆进行剖析,各部门都能更加明确自身在整个图书馆运作环节中所处的位置,明确部门的职责所在和权力所在,明确彼此间的互动模式和合作内容,图书馆发展共同目标的建立也能使部门间更紧密地联系与共同奋斗,从而有效地协调好图书馆内部部门间的关系。

五、藏书发展政策有助于协调外部的关系

上海图书馆的外部环境主要包括在所处社区中的位置、在行政体系中的位置、在图书馆行业中的位置、在供应商与经销商的关系等。藏书发展政策的制定和实施,不仅能够客观分析出上海图书馆在外部环境中所处的位置和作用,同时也能够明确其在外部环境中的权利和义

务,从而使其与环境中的各因素合作更为融洽。藏书发展政策对图书馆藏书目标、发展计划等的制订,也使其能在外部环境中更容易找到自身的发展之路。同时,随着发展过程中上海图书馆本身建设和运作的不断完善,甚至能够在无形中推动外部环境共同发展,与其和谐共处,共同进步。

六、藏书发展政策有助于更好地分配各项资源

图书馆想要得到均衡有序的发展,合理、科学地分配好各项资源是极为重要的,比如人力、经费等资源,其中又以经费资源最为重点。只有合理地使用和分配好经费政策,才能最大限度地满足不同类型用户们的需求,使馆藏资源效益最大化。藏书发展政策可以结合藏书发展计划和目标的大方向,结合图书馆的内外部环境,从一个宏观全面的层面分析制定出经费分配方面科学合理的政策,为采访工作的经费分配提供依据,从而有助于使经费资源得到更好的分配。

七、藏书发展政策有助于更好地开展读者服务工作

藏书发展政策的制定,能够更好地保障图书馆的运营,并且最大限度地发挥图书馆的功能和作用,从而更大程度的保障读者获取文献资源信息的利益。传统意义上的选书采访政策,是相对图书馆内部的规定,透明程度较低,和读者并没有直接的关联,而藏书发展政策则在制定政策的第一阶段,就需要对读者需求进行调查研究,为读者服务的良好开展打下了坚实的基础。另一方面,藏书发展政策的系统性和完善性,能够更好地提高图书馆藏书建设的质量,提升整个馆内的阅读环境和质量,提高工作人员的业务操作能力,也更能满足读者的藏书需求,从多方面有助于开展好读者服务工作。

八、藏书发展政策有助于文献资源的共建共享

信息资源的有限性和不均衡性使信息资源的有效利用必须最大限度地依赖于实现信息资源共享。文献资源的共建共享是当今图书馆藏书发展的必然趋势。选书政策、采访政策等单一政策的制定,只能够在本馆范围内形成制约,并不能很好地协调与其他馆进行共建共享的资

源建设问题。制定藏书发展政策,可以使图书馆馆藏结构更趋合理、特色更加鲜明,从而为馆际合作藏书发展提供依据,做好自身的藏书建设,明确馆藏特色,从而更好地提高文献共建共享的水平;就其宏观而言,通过对现有馆藏的排摸及图书馆作用的明确,对馆际的合作、本馆在地区所处的地位与作用作出的指引和规定,为文献资源合作共建共享打下基础,以建立一种资源共享的科学机制协调各馆在馆藏建设与资源配比时的矛盾。通过规定图书馆的馆藏特色与重点,通过馆际合作关系共建资源网,利用有限的经费使区域文献资源配置的广度、深度达到最大化,使各馆明确自身在共建共享中的权利和义务,调动各馆参与文献资源共建共享的积极性,同时也能对共建共享的文献资源质量进行保障。

第五章　上海图书馆藏书发展
政策性质与类型

第一节　藏书发展政策性质

一、藏书发展政策的内容性质

1. 公共性

上海图书馆的性质是一所省、市级的综合性研究性大型公共图书馆，是上海市中心图书馆总馆，也是上海地区重要的文献信息资源中心，其藏书发展政策应具备公共性，明确上海图书馆的任务与发展目标是要履行好积淀文化、提供公众知识信息服务、保存人类珍贵文化遗产、建设与城市社会建设发展相适应的文献保障体系；政策要坚持以公益性为导向，明确为用户提供各类知识信息服务都要坚持公益方向，建立起包括免费办卡、免费借阅馆藏文献资料、馆内免费无线上网、免费使用 e 卡通远程网络信息资源共享、公益性的参考咨询服务与情报信息服务、公益性的"上图讲座"等一系列公共文化服务体系。

2. 前瞻性

上海图书馆藏书发展政策不仅要能解决当下工作中存在的问题，还要突出"发展"二字。目前，上海图书馆发展面临着诸多挑战。如，怎样履行公共图书馆提供城市发展建设信息资源保障的职能？用户获取知识信息的方式趋于多元，如何应对一部分用户可能流失的窘境，保证用户忠诚度的同时探索开发新的用户群体？近几年来电子资源发展迅速，并似有逐渐超越纸质文献资源的趋势，如何协调电子资源与纸质资源间的平衡，规划电子资源在未来上海图书馆馆藏建设进程中的地位？诸如此类上海图书馆未来阶段可能遇见的状况与阻力，我们在制定藏书发展政策、谋篇布局确定藏书发展模式时，都要对其作出科学的预测与分析并提出有效的应对措施,使政策具有足够的前瞻性与预见性,能够适应未来环境的变化。

3. 客观性

上海图书馆藏书发展政策是各项具体藏书发展业务工作的指导文件,它不是凭空想象的,也不是一部分人员根据所谓的惯例与经验随意写就的。每一项标准的确立、规范的制定、流程的设计,都要建立在数据与事实的基础之上,符合上海图书馆的定位、任务与实际状况。政策在制定阶段必须注重调研工作的重要地位,全面掌握上海图书馆现有的馆藏文献资源构成、用户的特征与需求、所处的环境状况、藏书发展各项工作的现状等,由此准确把握上海图书馆文献资源建设的优势与薄弱环节,确立藏书发展的重点与途径。

4. 协调性

上海图书馆藏书发展政策的协调性体现在多个方面:首先,政策是站在全馆的高度来协调各项工作,各项具体政策都服从和服务于上海图书馆的整体发展战略,着眼于文献资源整体布局,而不是停留于某个部门操作的起步层面。

其次,政策强调了不同业务模块之间密不可分的联系,强调了一项工作的运作中不同业务中心或职能处室之间的互相协调与共同推进作用。例如,仅一项文献采访政策就涉及文献资源建设委员会、业务处、采编中心、读者服务中心与文献典藏管理部门等多个中心的携手参与,而古籍、善本、家谱等采购政策的制定与实施则还需要历史文献中心的加入。因此,新的文献采访政策要有明确的组织分工条款,要建立起比较完备的各相关业务中心与职能处室之间的协调沟通机制。

此外,藏书发展政策的协调性还表现在合作藏书与资源共享板块。藏书发展政策将上海图书馆与其他所有合作共建机构纳入一个完整的地区大型图情体系,分配各馆与各机构在该图情体系中的主要职责,并协调好馆与馆、机构与机构之间的关系。

5. 可行性

上海图书馆的藏书发展政策不能脱离上海图书馆工作实际,投入使用后必须具有可操作性,才能最大限度地发挥既定的效果。尤其当新的政策需要对原有的工作模式、程序与制定作出较大改动时,必须事先预估好各种因素,新政策可能带来的反响,新制度的执行是否会影响到另一项工作原本政策的运转,是否会导致员工的抵触情绪,实行起来是否难度过大,配套的人力财力的成本投入是否超出了预算等。除了事先预估可能的影响因素,在政策拟定完成、正式出台之前,需要广泛地征求意见并有效持续一段时间的试运行与评估工作,以便及时对不可行的部分作出调整。

二、藏书发展政策的运行性质

1. 强制性

上海图书馆藏书发展政策作为上海图书馆藏书发展活动的总原则与总纲领,政策本身是严肃的,并非随意制定,也并非停留在宏观层面,必须落实到位,并且在执行过程中对全体馆员都具有约束能力。尤其是文献采选的原则、文献经费审批与支付的手续流程等政策中的刚性部分,需要强制执行,并依靠配套的监督考核机制来检验强制执行的实际情况,以确保政策取得既定效果。

2. 阶段性

上海图书馆藏书发展政策制定出台后,应分为多个阶段,由点至面、稳步推进实施。第一阶段,在全馆范围内组织政策的学习,帮助馆员正确解读政策、理解政策、把握政策的核心,为政策的实践打好基础;第二阶段,根据藏书发展政策相关内容,各个藏书发展业务模块进行组织机构的划分与工作布局的调整;第三阶段,针对一线岗位员工进行具体业务工作操作步骤的调整与规范。藏书发展政策的运行也要如政策本身的层次结构一样,由宏观的把握逐步推进至微观的落实。

3. 动态性

任何一项政策都不可能一成不变,上海图书馆的藏书发展政策应该与时俱进,跟上时代与社会的变化,因此其内容应该具有动态性,根据图书馆所面临的内部与外部环境因素的变化、工作内容的调整等对政策定期作出修订。但需要指出的是,这种动态性不能因决策者或工作者的主观意志而随意改变,必须根据客观形势的变化,以适应外界新的需求为目的而进行改变。

4. 时代性

上海图书馆藏书发展政策的稳定运行依赖于各种外部条件的支撑,包括定期收集入藏的文献资源、承担各项业务工作的人力资源、运转正常的信息技术与设备、充足的资金投入、高效的管理体制等,这些外部条件具有较为明显的时代特征。一方面,新的运行条件不断诞生,最显著的表现是信息技术与设备在政策运行阶段的作用愈加明显,过去以纸本文献为主体的传统图书馆开展藏书发展业务可能只需要保证数量足够多的高质量文献的采集入藏,但网络信息时代的复合型图书馆还必须依靠信息技术手段为用户提供形式更为多样、范围更为广阔的信息资源服务。

另一方面,传统的政策运行条件被赋予新的内涵。例如人力资源保障方面,传统图书馆对于馆员的要求可能仅仅只是具备过硬的业务技能,但数字图书馆时代对馆员提出了熟练掌握计算机操作技术、拥有甄别筛选大量网络信息的能力等更高的要求。

第二节　藏书发展政策类型

一、上海图书馆藏书发展政策层次类型

上海图书馆藏书发展政策是一个从宏观深入微观的体系。宏观层面由上海图书馆的定位任务、馆藏现状、服务对象情况、藏书发展目标、藏书发展纲要组成,宏观政策是各项藏书发展业务工作开展的客观基础与现实依据,起到的统领全局的作用。微观层面则是文献采访政策、经费分配、藏书管理和合作与资源共享四项基本政策。

1. 宏观层面

(1) 上海图书馆的定位与任务

上海图书馆的主要任务有: ① 传递各类信息。利用各种文献载体,为上海地区的科学研究服务,为上海地区经济建设出谋划策;② 普及文化科学知识。通过推荐图书、开展读书活动等途径,加强阅读指导,提高广大群众的政治素质和文化素质,成为地区内的文化教育中心;③ 收藏文化典籍,妥善保护古籍善本和其他特藏珍本,并对文献的

开发利用进行科学研究;④ 承担上海地区图书馆间合作与协调的组织任务;⑤ 开展国际间的书刊交换,进行对外文化交流。

总而言之,根据上海在国内和国际上的地位及影响,上海图书馆应立足上海,建立一个与上海的经济、科技、文化与社会发展相适应的、完整的、合理的、有特色的文献保障体系,为国内外的读者与专家学者提供卓越的文献信息服务,应努力成为本地区的文献收藏、文献检索、馆际协调协作和图书馆学、情报学的研究中心。

(2) 上海图书馆馆藏文献情况

① 馆藏文献的种类与数量　上海图书馆馆藏丰富,门类齐全。馆藏文献的种类涵盖了图书(包括普通图书、地方志、舆图等)、报纸、期刊、特种文献(包括专利说明书、标准、专业会议文献、产品目录与科技报告等)、电子出版物(包括电子图书、电子期刊、数据库等)、音像资料、古籍与近代文献(包括善本、画册、照片、稿本、抄本、墨迹等)、网络资源等。馆藏文献的语种包括中文、英文、日文、俄文、德文、法文、西班牙文、韩文等。

目前上海图书馆拥有图书、报刊和科技资料近 5 300 万册(件),其中包含 15 万余张老唱片等非书资料。

② 馆藏文献的分布　上海图书馆拥有庞大的馆藏文献,除了收藏于本馆的阅览室与书库外,还分布在徐家汇藏书楼、龙吴路书库、莘庄书库以及航头书库等几个外围书库。

其中,徐家汇藏书楼主要收藏了 1949 年前出版的旧版西文图书。龙吴路书库主要收藏了部分中文图书期刊的保存本、旧版的西文与日文图书、近代文献与古籍等。莘庄书库主要收藏了大量早期纸质版本的日、美、英、法等国的专利,以及部分中文会议资料等。航头书库主要收藏了部分基藏书库的中文图书、外文(港台)报纸、旧版俄文图书等,此外航头书库还是上海图书馆二期工程的图书书库。

③ 馆藏特色　上海图书馆馆藏文献体系有其学科特色。上海图书馆完整系统地收藏中文出版物,即馆藏中文文献的学科范围实现了全面覆盖。馆藏外文文献(包括书刊、特种文献、电子资源等)则根据上海图书馆的定位与任务要求,重点收藏与上海地区的经济、科技、文化和社会发展、上海的重大科研(攻关)项目、支柱产业密切相关的学科领

域的专著,切实满足上海地区政治、经济、文化、教育、科研和生产的需要,承担为上海地区发展提供文献信息资源保障的职责。

上海图书馆馆藏体系形成了鲜明的上海地方特色,除了与上海各领域发展相关学科的文献著作重点采集,上海的地方文献,包括方志、地名录、手稿、抄本等以及上海市的正式及非正式出版物全面入藏,充分体现了上海地区的地理、历史、经济和文化特点。

在文献载体类型方面,各种专利、各国标准以及科技报告等各种特种文献全面入藏,在中国各类公共图书馆中可谓独树一帜。同时注意入藏的特种文献的连续性、完整性与适用性,力求最大限度地保证广大读者,特别是科研方面的专家与机构对于最新科技信息的需求。

此外,上海图书馆在古籍与近代文献的馆藏方面也颇具特色。上海图书馆目前馆藏历史文献 370 万册,距今 1 400 年的《维摩诘经》是上海图书馆最早的藏品。拥有家谱 342 姓氏计 1.8 万种,是目前世界上收藏中国家谱最多的图书馆。中国文化名人手稿馆收藏了清末以来的文化名人信函、日记、题词、图片、珍稀文献等 5 万余件,巴金等一批文化名人的手稿已制作成数字化光盘。

（3）服务对象情况

上海图书馆通过为用户提供馆藏文献信息资源来体现其职能与价值,上海图书馆开展一切藏书发展活动都要以满足用户需求为准则,因此必须阐明上海图书馆服务对象的情况,包括用户的数量、类型、结构及未来可能产生的用户群体的变化,重点研究用户的需求、潜在需求及未来的变化动向。

阐述服务对象情况时,关键准确界定上海图书馆的用户范畴。文献资源共建共享进程的推进、数字图书馆时代的到来、网络信息环境的形成,使上海图书馆的用户群体由狭义传统的"读者",即本人亲自到馆借阅图书资料、可以通过馆内各种监测系统或人工手段统计具体人次,发展成为一个更为宽泛的且实际使用人数往往难以统计的"用户"概念。包括:由上海图书馆提供信息资讯内参与决策服务的上海地区的政府部门与科研机构院所;通过上海市中心图书馆馆际互借、网上委托借书、"e卡通"等平台借阅上海图书馆馆藏文献资料的全市区县、街道图书馆的读者;通过上海图书馆搭建的远程网络服务平台,足不出户浏览与下载上海图书馆馆藏电子资源的网上冲浪客；通过 CALIS、CASHL 等全国性的资源共建共享平台，经由文献传递、馆际互借等方式利用上海图书馆馆藏资源的全国各地的高校师生、企事业单位工作人员等。

（4）上海图书馆藏书发展目标

藏书发展目标，是图书馆对经过一段时期后藏书发展应该出现的结果所做的规定[①]。上海图书馆要立足于自身职责，根据馆藏实情、上海地区发展需求和全球图情行业发展的趋势，制定藏书发展的目标，为开展藏书发展工作提供大方向与操作的依据。

总体而言，上海图书馆在未来一段时期的藏书发展目标，是要逐步从纸质文献为主的传统图书馆模式向纸质文献与数字资源并重的复合型图书馆模式稳妥转型，形成基本适应上海"四个中心"建设的特色资源体系、体现大型综合性公共图情联合体综合实力的卓越服务体系、具有一流图书馆水平的高效的科学管理体系，人才、技术、机制并重的多元保障体系[②]。

① 藏书数量目标　即今后一段时期内上海图书馆的馆藏文献信息资源量的增长应达到的目标。主要包括：a. 图书、期刊、特种文献、电子出版物等各类型文献每年入藏的种类与数量，以及用户可以获取的虚拟馆藏文献资源的种类与数量要达到某种水平；b. 各类型文献学科的覆盖面要达到某种指标，比如中文出版物要继续实现学科全覆盖，外文出版物要突出上海图书馆馆藏的重点学科，也要体现出科研领域的发展动向。

② 藏书质量目标　即今后一段时期内上海图书馆馆藏文献的学术含量、科学价值与使用价值应该达到的程度。比如，入藏的文献资源的学科、载体类型、语种是否全面；核心期刊是否收集完备；各种数据库的覆盖面是否足够广泛；采选的重点学科文献是否能够代表该领域较高的学术水准；反映各个学科领域最新研究成果与进展的书刊、资料与电子出版物在各自的馆藏文献中是否占到了合理的比例，能够满足用

---

① 肖希明，袁琳. 中国图书馆藏书发展政策研究［M］. 南京：南京大学出版社，2002.
② 《上海图书馆上海科学技术情报研究所 2011—2015 发展规划》。

户对最新知识信息的需求;用户通过上海图书馆的网络平台获取的数据信息是否已经经过了必要且有效的过滤,是优质的且具有足够的参考性等。

③ 藏书利用目标　即今后一段时期内上海图书馆实体与虚拟两部分馆藏文献的用户利用率应该达到的指标。需要结合近几年上海图书馆馆藏文献的流通统计数据,分析上海图书馆目前馆藏文献的实际利用情况,并在此基础上合理规划。当然,一所图书馆要做到100%满足用户需求是十分困难的,因此在制定藏书利用目标时,要重点关注虚拟馆藏的用户使用率与用户需求满足度的目标设定,使未来上海图书馆实体馆藏无法充分满足用户需求的部分可以通过文献资源共享来获得补充。

④ 藏书特色化目标　即今后一段时期内上海图书馆藏书发展体系建设应继续高度体现上海图书馆馆藏特色,突出上海图书馆馆藏的重点部分。藏书特色化目标需强调,上海图书馆的馆藏特色文献必须根据上海地区经济建设发展重点领域与重要科研课题变化动向作出适时调整,特别是对反映新学科、新科技、新流派、新动向的文献要及时跟踪、系统收藏;要明确这些能够反映上海图书馆馆藏特色的文献每年入藏的种类与数量应该达到什么程度,比如上海地方志的采选入藏种数、特种文献的采选入藏种数等;还需要求配备完善的质量控制体系,确保馆藏特色文献具有较为广泛的知识信息含量与较高的学术水准,保证上海图书馆馆藏文献质量。

（5）上海图书馆藏书发展模式

① 广泛入藏各学科领域、各载体类型的文献　上海图书馆是为上海地区发展建设提供信息资源保障的大型公共图书馆,承担着普及文化知识、丰富人民精神生活的社会教育职能。上海图书馆的藏书发展模式首先应该是广泛入藏各学科领域、各载体形态的文献,收藏所有国内出版物,收藏国外的重要出版物,为数量庞大且需求层次多样的用户群体提供充足的文献信息资源,满足用户阅读、学习、研究、获取讯息、娱乐休闲等多重需求。上海图书馆入藏文献时要格外注意突出文献的学术含量与使用价值,确保上海图书馆馆藏文献体系的高质量,成为上海地区最重要的文献收藏中心。

② 突出重点,形成上海图书馆馆藏特色　上海图书馆需要继续加强学科、专题领域以及载体形态等各个方面的馆藏特色文献的收集与入藏工作,重点收藏与城市地区建设发展密切相关的学科文献、上海地方文献、重要的特种文献以及珍贵的古籍善本等历史文献,形成颇具上海图书馆特色的馆藏文献资源体系。

同时,上海图书馆需要继续加强馆藏特色资源的数字化开发利用,尤其是加快历史文献数字化工作进度,完成馆藏舆图、近代名人档案、民国图书全文数字化扫描。例如,将继续建设上图已有的特色地方文献数据库"上海年华",使之形成拥有二十个专题子库的大型文化资源库,并在中心图书馆平台上开放使用;进一步发挥《全国报刊索引》品牌效应,建设具有特色的二次文献信息服务平台。①

③ 电子文献资源与传统纸质文献资源并举　计算机通信技术的迅猛发展,网络环境的迅速形成以及随之带来的网络电子资源信息激增,对上海图书馆的藏书发展带来了巨大的冲击,也对上海图书馆未来阶段的发展提出了全新的要求。上海图书馆要在继续扩大纸质文献资源保有量的同时,要加大对电子文献资源的采选与入藏力度,形成电子文献资源与传统纸质文献资源齐头并进的藏书发展模式,为用户提供形式更为多样、使用更为便捷、信息含量更为丰富的文献资源,继续深入推进市民数字阅读计划与数字文献资源中心建设。

上海图书馆的电子资源建设要以用户需求为导向,注重质量的评估,同时注意电子资源与其他类型馆藏资源之间的协调互补,使电子资源与纸质资源有机结合成为一个整体。

④ 虚拟馆藏资源与实体馆藏资源共同发展　如今,任何一所图书馆要脱离社会大环境,独自地进行藏书发展都是十分困难的,评价一所图书馆的馆藏体系的标准,也从传统的实际拥有多少馆藏、馆藏质量如何,逐步转变为一所图书馆能够帮助用户通过文献传递与网络通信等手段获取多少有用的信息资源,即拥有多少虚拟馆藏资源。上海图书馆要在稳步推进实体馆藏资源建设的基础上,继续坚持走合作藏书发展的道路,继续深化馆际、城际、全国乃至全世界范围内的资源共建共

---

① 《上海图书馆上海科学技术情报研究所 2011—2015 发展规划》.

享。要将联机检索的数据库、网络信息资源,以及通过馆际互借与文献传递可以提供给用户的文献等所有虚拟馆藏资源真正纳入整体馆藏体系中来,形成虚拟馆藏资源与实体馆藏资源共同发展的适应时代潮流的新型藏书发展模式,使用户可以通过上海图书馆搭建的平台,从多个途径获取更为全面广泛的信息。

上海图书馆不仅要成为本地区最大型的文献收藏中心,更要成为最大的文献检索、文献传递、资源协调中心,与所有参与合作藏书与资源共享工程的成员机构携手,共同建成信息完备、用户满意、与上海地区发展相适应的文献保障体系。

(6)上海图书馆藏书发展纲要

藏书发展纲要是藏书发展政策的核心内容,它既是对现有馆藏的描述,又是文献采访馆员从事文献收集和馆藏评估的工具[①]。需要设计出一个由学科、收藏级别、语种、时间、文献类型五个方面多维立体构成的上海图书馆"藏书结构一览表",明确上海图书馆藏书的学科范围、时间结构、文种构成,以及不同出版形式或不同载体文献的配比情况。

首先,划分上海图书馆馆藏文献的学科范围。以中图分类法中的类目为基础,根据上海图书馆的定位与任务,馆藏文献的学科结构应该覆盖所有的类目。

其次,划分每个学科的收藏等级。可以应用美国图书馆协会在其《藏书发展方针规范指南》中提出的五级藏书框架模式,确定不同类型文献每个学科的收藏等级。该模式将藏书级别分为 A 完整级藏书(某学科领域出版物全部收集)、B 研究级藏书(收藏各专业领域有代表性的著作)、C 大学级藏书(收藏全部基础著作与部分重要著作)、D 基础级藏书(收藏有代表性的基础著作)以及 E 最低水平的藏书(只收少量基本著作)。上海图书馆中文出版物为全面采集入藏,因此中文出版各个学科的收藏等级应全部为 A 级。外文出版物学科收藏等级的划分则需要在明确上海图书馆馆藏重点与特色的基础上加以确认,比如根据目前的外文,基础科学、新兴学科、高新技术、上海重大科研(攻关)项目、支柱产业相关的重点学科的收藏等级为 B 级,充分体现出"外文求

---

① 肖希明,袁琳.中国图书馆藏书发展政策研究[M].南京:南京大学出版社,2002.

精";一些冷门的、与上海地区经济建设与社会发展关系不大的学科则可以是 D 级,仅收藏一些基础普及类专著提供读者作入门级的了解,有专业研究需要的读者可以使用专业图书馆获得满足。

再次,安排馆藏文献的时间结构。既要保证入藏文献中反映学科领域最新动向与科研进展的文献占到相当的比例,以满足广大用户获取最新知识信息的要求;也要保证各个历史时期文献入藏的数量,满足一些用户查询回溯的需求,同时也是履行上海图书馆作为文献资源保障中心的职责。

还要安排馆藏文献的语种结构。目前上海图书馆馆藏文献的语种涵盖中文、英文、法文、德文、西班牙文、俄文、日文、韩文等。需要设计规划馆藏文献中中文出版物与外文出版物的比例结构、外文出版物中英文与其他小语种的比例结构等。

最后还要考虑不同出版形式、不同载体文献的构成情况,建立一个多样化的文献类型结构。科技的迅猛发展带来了文献载体种类的日益丰富,近年来,上海图书馆正在转型成为适应时代形势的新型复合型图书馆,在此背景之下,协调好传统的纸质文献资源和以电子文献为主的新载体文献之间的比例关系就显得尤为重要。

此处,还需要着重考虑实体馆藏资源与虚拟馆藏资源的比例结构,要将上海图书馆置于整个上海市图情联合体来进行整体规划,将所有参与资源共建共享工程的成员机构的分工协调作为考量的重要依据。

设计藏书结构时,要充分体现上海地区的地方特色。上海图书馆作为服务于上海地区的公共图书馆,收集、整理、保存和提供上海地方文献是一项责无旁贷的职责。要在藏书结构中强化上海地方文献和传统特色资源的地位,确保对上海地区出版物及当地相关文献的收集尽量齐全。

设计藏书结构时,要与主要用户的需求保持一致。比如在进行学科结构规划时,可以通过用户调研和机构访谈的形式,关注用户的阅读、学习、研究需求的分布与变化动向,了解不同学科用户需求的层次与深度,适当调整某些学科的入藏等级。又如,在分配电子资源与纸质文献的比例时,调研用户对两种载体形态文献的利用取向,分析用户的阅读习惯,对新型文献形式的选择意愿与使用能力、获取信息的速度等。

设计藏书结构时,还要用发展的眼光来谋篇布局,预估到未来上海图书馆发展进程中可能遇到的外部环境与内部需求的变化因素,使藏书结构能够尽快地适应这些变化。

2. 微观层面

(1) 上海图书馆文献采访政策

① 中文文献采访政策　严格遵守上海图书馆"中文求全,外文求精"的文献资料采访总原则,中文图书与报刊全部收藏。其中,中文报刊、核心期刊的入藏数量要达到100%,同时要求采访人员特别加强对新形势下创办的新刊的采集。

② 外文文献采访政策　根据上海图书馆的定位与任务要求,外文文献重点收藏与上海地区的经济、科技、文化和社会发展、上海的重大科研(攻关)项目、支柱产业密切相关的学科领域的专著,切实满足上海地区政治、经济、文化、教育、科研和生产的需求。

政策必须强调,外文出版物的采访选择标准的确定需要建立在广泛深入的调研的基础之上,注重对读者、相关重点学科领域专家、科研生产机构、重要企事业单位以及高校师生的意见听取,注重对城市地区建设动向、科研领域最新动态与前沿水平的跟踪,根据调研的结果定期对采访的学科结构作出适当的调整。

③ 特色馆藏文献采访政策　政策需明确上海图书馆特色馆藏的范围,包括:与上海地区建设密切相关领域的学科专著、反映科学领域最新动态与先进水平的国际重要学会机构的连续出版物与特种文献、具有鲜明上海地区地方色彩的地方文献、数量庞大且历史价值极高的家谱、手稿、善本等历史文献等。

特色馆藏资源建设要紧紧围绕上海"四个中心"和国际文化大都市建设要求,加大相关文献收集与保存力度,继续加大以支撑上海学研究为重点的中国学馆藏建设力度,同时形成世博研究文献等一系列新的馆藏特色①。

④ 纸质文献资源与电子文献资源、实体文献资源与虚拟文献资源

---

① 《上海图书馆上海科学技术情报研究所2011—2015发展规划》。

的采访协调　电子文献资源与虚拟文献资源是转型阶段的上海图书馆馆藏文献资源体系中新出现的部分,同时也是上海图书馆藏书发展进程的建设重点。进行文献采访工作时必须注意纸质文献资源与电子文献资源、实体文献资源与虚拟文献资源的协调互补关系。比如,学习协会的会议录资料在有价格相对低廉的电子版本时则停订价格相对高昂的纸质版本;上海市中心图书馆部分区县馆收藏有相当数量的国外畅销流行小说,上海图书馆在设计外文图书采访学科结构时则可以将小说定位三级采选模式,只采选少量获得诺贝尔文学奖等国际重要知名奖项的文学著作,将重心放在专业程度更高的专著收藏上。

有关电子文献资源与虚拟文献资源的采访政策需单独列章重点阐述,将在本章节上海图书馆藏书发展政策的领域类型部分中谈到。

⑤ 各类型文献的采选模式　政策需要对各类型文献的采选模式进行明确与规范,比如中文图书的政府采购、国库直拨、自行采购补配相结合,外文图书的代理商订购为主、接受国际交换与捐赠与现货采选为辅,历史文献的征集机制,电子资源的上海地区联合采购等。政策要详细列出各种采选模式的操作流程,同一类型文献不同采选模式相互之间的比例分配,各种采选模式的执行与监督机制,以及必要的注意事项的说明,比如特种文献的采购要注意其连续性与完整性等,方便员工进行参照,也为后期的效果控制工作提供可靠的依据。

⑥ 文献采选的质量评估机制　现有的文献采访政策中需要增加文献采选的质量评估机制的相关内容,保证采选入藏的文献质量。不同类型的文献必须有不同的评估机制,规避统一评估的弱点。根据上海图书馆兼具大型公共图书馆与地区文献资源保障中心的双重职能,上海图书馆一般将其馆藏文献资源分为公共类与专业类两种。公共类资源则偏重公共需求的满足,会根据用户的利用情况来选择文献的购入,比如大部分的中文图书报刊;专业类资源偏重资源本身的建设,注重馆藏特色学科的建设与文献自身的质量,比如外文出版物中传统馆藏重点学科——化学工业类专著等。公共类与专业类馆藏文献资源的评估机制必然要有所区分,不能以偏概全仅凭用户的借阅次数来判断,比如某一本外文图书乍看之下可能利用率不高,一年也借不出去几次,但其实该本书阐述的是一门较为冷门的学科,上海地区从事此项研究

的专业人员人数极其有限,相对而言利用率已经算是较好。

政策要列出评估的各种方式,比如通过监测系统统计某一数据库的用户浏览次数与下载篇数,邀请图情领域专家对外文图书的采访学科结构进行测评;还要列出评估的执行频率与执行时间,比如对电子资源供应商的资质与服务情况的评估一年进行一次,一般在每年年末制定下一年度数据库新订或续订方案前开展等。

(2)上海图书馆经费分配政策

经费分配政策将确定上海图书馆文献购置、馆藏文献资源管理、内部与网络系统维护等一系列经费的使用原则、目标与方法。上海图书馆作为公共图书馆,完全依靠财政全额拨款,如何合理利用好有限的经费,尽可能满足不同类型用户的需求,是目前面临的重要课题。

经费分配政策中,最为关键的部分即是协调好各载体类型、各语种、各学科的文献资源购置资金的分配比例,具体而言,有书与刊、中文出版物与外文出版物、纸质文献资源与电子文献资源、实体馆藏资源与虚拟馆藏资源等。

目前上海图书馆的文献采购经费使用管理规定中已经有比较详细的文献采购经费的使用原则、管理部门、审批支付手续、权限与流程等内容,唯独缺乏对于各类文献经费分配规定的相关内容。新的经费分配政策必须在上海图书馆工作实际与用户需求的基础上,设计与规划出科学合理的馆藏文献采购经费的使用结构,明确好图书与期刊、中文文献与外文文献等不同载体类型文献之间的经费配比,努力做到用尽可能少的资金投入,获得尽可能大的馆藏文献使用效益。

(3)上海图书馆藏书管理政策

藏书管理政策需要明确馆藏文献的编目、加工、整序、传递、保存与剔除等一系列工作程序与规范,是整个上海图书馆藏书发展动态的过程,与上海图书馆保持藏书活力、提供用户服务息息相关。可以细分为以下四个部分:

① 藏书编目加工政策 藏书的编目加工工作起到了文献收集与提供用户利用之间的中介作用,文献编目加工的速度、资源揭示的合理性与准确性,直接关系到上海图书馆馆藏文献的使用效益以及用户对于上海图书馆的体验。

　　这一部分政策需要对实际工作进行调研梳理,需要明确:a. 藏书编目加工的模式,比如中文图书的加工外包、新华传媒基地驻店编目加工;b. 藏书编目加工的操作流程,比如中文图书编目将以往反复的套录模式改为流水线三步走模式;c. 藏书编目加工的周期,比如规定中文报纸接收当天即上架供读者借阅,中文图书从采购入馆到上架与读者见面最多不超过 10 个工作日;d. 藏书编目加工的保障机制,比如本馆与莘庄编目加工基地共享审校人员,在提升图书编目加工速度的同时完善数据的质量;e. 藏书编目加工的监督约束机制,比如各个文献采编部门每月对 Horizon 中的数据进行自查,上级管理部门不定期抽查。

　　② 藏书传递政策　藏书传递工作主要是指面向上海图书馆用户的文献信息资源服务,主要包括各类文献资源的外借与阅览、参考咨询、情报信息服务、以新技术体验中心与“上海市民数字阅读推广计划”为主要代表的依靠新媒介技术的信息资讯服务等。藏书传递工作是面向用户服务的一扇重要窗口,是上海图书馆履行其地区大型公共图书馆及文献信息资源保障中心职责的主要手段之一。藏书传递工作开展的好坏,影响的是上海图书馆馆藏文献资源的使用效益,必须规范明确好以下内容:

　　a. 图书报刊等文献资料的外借阅览工作的操作规范、操作流程、读者接待的注意事项、管理、监督与奖惩机制等;

　　b. 参考咨询服务的模式,比如到馆咨询、信息共享空间、电子邮件咨询、网上联合知识导航站;参考咨询服务的操作规范与注意事项;参考咨询服务的技术支撑,比如网上联合知识导航网站维护的成本控制;参考咨询馆员的培训与考核机制等;

　　c. 情报信息服务的模式,比如针对科研机构的情报提供业务、面向政府高层的决策服务、以为中小企业提供信息咨询的“创之源”项目为主要代表的公益性情报服务等;情报信息服务的组织管理体制、保障机制等;

　　d. 新型信息资讯服务的模式、操作规范、管理制度等。比如明确规定市民数字阅读计划的任务、宗旨与目的,出借的电子媒介的数量、型号,市民使用的权限,操作的流程,配套的管理监控,知识产权保护的相关事宜,经费保障机制等。

③ 文献保护政策　上海图书馆是上海市古籍保护中心,在文献的延续保护方面一直处于较为领先的水平。文献保护政策首先需要明确上海图书馆必须切实履行国家级古籍修复中心的职责,提高文献保护水平[1]。其次还要规定:

a. 目前馆内已经投入使用的文献保护手段的类型、文献保护技术手段的利用方法与注意事项。比如用于古籍修复的图书防蠹纸浸渍 2 号与纸浆补孔机设备;古籍书库的标准化管理与恒温恒湿监测系统;盛宣怀档案等一批馆藏特色珍贵文献的全文数字化、家谱数字扫描、中国第一张外文报纸《字林西报》的全文扫描等;

b. 文献保护工作的资金保障相关事宜,如何调拨经费或者争取政府拨款来加强对文献保护的支持以及新技术手段的研发;

c. 文献保护宣传的相关事宜,包括如何增强员工与读者的文献保护意识,使员工与读者认识到文献保护不仅限于历史文献,所有馆藏的普通文献都要注意爱护,延续文献的使用寿命。

④ 藏书剔除政策　藏书剔除工作对于优化藏书结构、提高藏书质量、增强馆藏活力具有重要的意义。目前的上海图书馆藏书剔除政策基本涵盖了所有必备的条款,包括各类型文献的剔除范围、剔除的程序、后续处理办法等。但还需要结合上海图书馆目前的馆藏空间、文献实际利用情况、未来用户需求的变化等因素,在藏书剔除的标准上进行进一步调整与细化。同时,新的藏书剔除政策要对文献剔除的标准作出更为明晰的表述,使政策具有实际可操作性。比如"与馆所藏书性质、任务不符,且不再适应读者需要的中文期刊予以剔除"之类的条款,有关馆所的藏书性质与任务都要写明,怎样才算"不再适应读者需要"也要有一个清晰的界定。

另外,还要增加藏书剔除周期以及配套的监督检查机制,确保藏书剔除工作执行得切实有效且有条不紊。

(4) 上海图书馆合作藏书发展与资源共享政策

上海图书馆目前在合作藏书发展与资源共享方面颇有成果,在全

---

① 《上海图书馆上海科学技术情报研究所 2011—2015 发展规划》.

国图书馆界产生了深远的影响。以上海图书馆为核心的中心图书馆"一城一网一卡一系统"服务网络已经建设完成,形成了覆盖全市的中心图书馆城域网;作为上海市文献资源共建共享协作网的核心,上海图书馆与协作网的成员馆及上海地区部分高校图书馆开展文献资源联合采购协调与联合编目工作;上海图书馆已与中国高等教育文献保障系统(CALIS)、北京地区高校图书馆文献资源保障体系(BALIS)、中国高校人文社会科学文献中心(CASHL)签约合作,依托馆际互借的互联网技术手段与物流系统,形成了全国范围内的文献传递服务;上海图书馆还开拓了境外文献的获取途径,将用户的文献使用层面扩展到了全世界,比如,上海图书馆是中国大陆第一家在联机计算机图书馆中心(OCLC)上开展馆际互借服务的图书馆,2012 年全年向德国文献服务系统(Subito)请求文献 59 篇。通过合作藏书与资源共建共享建设,上海图书馆实现了联机合作编目、公共检索、馆际互借、文献传递、电子资源导航、数字资源共享等功能。

合作藏书发展与资源共享建设蓬勃发展的今日,上海图书馆亟须一套完整系统的正式文件形式的政策来明确规范与进一步促进此项工作。

政策必须明确规定上海市中心图书馆、上海市文献资源共建共享协作网、文献传递服务等上海图书馆牵头或参与的各项合作藏书发展与资源共享工程的情况,包括:项目的建设意义、目标、任务、宗旨、管理体制与沟通协调机制;合作共建机构应该承担的责任、义务、服务地区与服务对象的情况;合作共建机构(比如区县图书馆馆、主题图书馆、各大高校)入藏文献的范围、结构、特色;馆际互借、文献传递服务的对象、方法、流程、技术手段、资金保障机制、系统开发与维护等。

合作藏书发展与资源共享政策必须格外强调业务工作的"共同与统一"原则,比如:有一个共同商定、取得共识、具有一定强制力的协议文件,包含数据库建设规则、馆际互借协议等;有统一的资源内容揭示,包括共同的书目数据库与书目检索目录;有通用的分类法与数据编目格式;有统一的在线服务模式、服务标准与物流配送体系;合作藏书发展与资源共享政策必须由参与共建的机构共同商定参与完成,政策出台后要对每一个成员机构具有一定的约束力。

二、上海图书馆藏书发展政策性质类型

1. 上海图书馆藏书发展政策的刚性层面

上海图书馆的藏书发展政策总体而言是一部刚性的政策，是上海图书馆藏书发展的总原则。藏书发展的目标与模式、各项业务工作开展的总体原则与标准、各种工作的流程、办法、审批的手续等，一旦制定，在下一个修订时期到来之前，原则上不能作出改动，以确保藏书发展活动的持续性与一致性。政策的刚性还体现在其必须"刚性"落实，政策进入运行阶段后，必须对所有馆员都具备约束能力，要求馆员必须遵守，并且配备监控监督机制，确保政策，尤其是一些业务工作的流程与规范执行到位。

2. 上海图书馆藏书发展政策的柔性层面

上海图书馆藏书发展政策中应该允许存在一部分留有一定余地、具有一定弹性、可以根据实际情况作出适当调整的部分，这是因为部分业务工作本身就带有一定的灵活性，同时也是考虑到图书馆面临的外部环境可能产生变化而作出的合理应对。举个例子，文献的捐赠与交换政策详细规定了哪些文献可以接收入藏哪些则不宜入藏，一般情况下必须遵守这个标准，不符合上海图书馆定位的文献资料拒绝接收。但也可以视具体情况酌情降低接收入藏的门槛、放宽接收入藏的范围。例如根据规定，外文的出版物中，有关国外某所大学的学报、某家机构的内部刊物等都不属于接收入藏的范围，但如果大学学报或机构内部刊物涉及受国家政府机关委托研究开发国家级重点科研项目，具有较高的学术含量与参考利用价值，便可放宽标准选择入藏。

第六章　上海图书馆藏书发展政策研究的重点

第一节　国内外图书馆藏书发展政策研究

一、国内图书馆藏书发展政策研究概况

藏书发展的内涵丰富,涉及内容繁多,包括藏书补充、藏书建设、馆藏结构、经费管理、藏书剔除、藏书合作等各个方面,其相关政策所包含的内容也十分广泛。尤其是 20 世纪 80 年代,国内对于藏书发展政策的研究十分分散,而国内系统性的藏书政策研究相对较少,具有代表性的文献有汪冰的硕士论文《藏书发展政策研究》以及肖希明与袁琳合著的《中国图书馆藏书发展政策研究》。这几部文献对推动国内藏书发展政策的研究具有重要的指导作用及参考价值,因此其所研究的对象同样也符合单一图书馆藏书发展政策的研究对象。

《藏书发展政策研究》一文,其正文未有公开,但是根据其发表在《图书情报工作》1994 年第五期上的论文摘要,其介绍全文共分为四大部分。第一部分着重研究图书馆藏书发展的历史与现代含义、系统观、影响因素、组织模式等,为研究藏书发展政策奠定基础。第二部分肯定了制定藏书发展政策的重要性,研究了藏书发展政策的基本内容和制定过程,提出一套可供操作的实用性方案。第三部分研究的是合作藏书发展的问题,论述了合作藏书发展的意义,指出了合作藏书发展的趋势与可能面临的问题及障碍。第四部分则是对国内藏书发展政策的调查与分析。从中可以提炼出相关研究对象包括:藏书发展政策的历史起源、国外藏书发展政策的相关研究、藏书发展政策的基本内容和制定过程、合作藏书发展问题、中国图书馆藏书发展政策的调查与分析(见表 6-1)。

表 6-1　国内关于藏书发展政策研究论著分析表

著作/论文	作　者	研　究　对　象
《藏书发展政策研究》	汪　冰	• 图书馆藏书发展的历史起源 • 国外藏书发展政策的相关研究 • 藏书发展政策的基本内容和制定过程 • 合作藏书发展问题 • 中国图书馆藏书发展政策的调查与分析
《中国图书馆藏书发展政策研究》	肖希明 袁　琳	• 国内外藏书发展政策的研究 • 信息环境对于图书馆藏书发展的影响 • 影响图书馆藏书发展的社会因素 • 藏书发展政策的内容(包括文献采访政策、藏书管理政策、合作藏书与资源共享政策) • 藏书发展政策文件的制定

　　而纵观《中国图书馆藏书发展政策研究》一书,共有七章:第一至第三章着重论述了藏书发展政策相关的时代背景、国内外研究情况、影响因素等,与汪冰的论文相同,主要是为研究藏书发展政策奠定基础;第四、第五章则具体论述了图书馆文献采访政策与藏书管理政策,应就是汪冰论文中所述的藏书发展政策的基本内容;第六章主要论述合作藏书与资源共享政策;第七章则论述藏书发展政策文件的制定。具体可以归纳出相应的研究对象包括:国内外藏书发展政策的研究、信息环境对于图书馆藏书发展的影响、影响图书馆藏书发展的社会因素、藏书发展政策的内容(包括文献采访政策、藏书管理政策、合作藏书与资源共享政策)、藏书发展政策文件的制定(见表6-1)。

　　从上文中的论述以及表6-1可见,藏书发展政策的研究一般都会先对相关的历史、背景等做一些概述研究,为藏书发展政策的具体研究打基础。而藏书发展政策的基本内容是研究的主体,具体可以包括藏书结构研究、文献采访研究、藏书管理研究、合作藏书研究等。综上所述,结合各方面的文献研究,可以将国内对于藏书发展政策的研究对象主要分为以下几个方面:

　　(1)图书馆藏书发展政策的相关历史背景等研究;

　　(2)图书馆藏书发展政策的基本内容;

　　(3)图书馆藏书发展政策文件的制定。

二、国外图书馆藏书发展政策研究综述

1. 其他国家图书馆藏书发展政策研究重点

2010 年出版的《世界各国图书馆馆藏发展政策精要》(以下简称《世界》)一书,显然成了一本研究国外藏书发展政策概况的重要著作,其选择了世界各国著名的图书馆为介绍对象,根据不同的图书馆类型进行划分,并在此基础上分别对各个图书馆的馆藏发展政策进行了叙述,罗列出先进图书馆馆藏资源建设的方方面面,为国内的藏书发展政策研究提供了参考依据。

国家图书馆一般都为一个国家的总书库,是全国书目中心,更是图书馆业务与图书馆研究的引领者。其藏书发展政策基本都是围绕其性质与特点制定而成的。《世界》一书中选取了四家具有代表性的国家图书馆,分别为美国国会图书馆、英国国家图书馆、法国国家图书馆以及日本国立国会图书馆,从其各自的馆藏发展政策框架中,能够清晰地看到其他国家图书馆的藏书发展政策中主要的研究重点(见表 6-2)包括:

（1）藏书发展政策概述;

（2）特色馆藏政策;

（3）数字资源馆藏发展政策;

（4）海外文献发展政策;

（5）呈缴本政策;

（6）合作藏书政策;

（7）馆藏政策评价;

（8）未来馆藏发展战略。

表 6-2　其他国家图书馆藏书发展政策框架

图书馆	政策框架	具体内容	主要研究重点
美国国会图书馆	馆藏资源发展政策概述	责任与使命	· 藏书发展政策概述
		资源建设的基本原则	
		内容策略	
		收藏级别	

图书馆	政策框架	具体内容	主要研究重点
美国国会图书馆	馆藏资源发展政策概述	其他相关馆藏政策（包括"最优版本"政策、复本处理、从其他联邦机构调拨图书、非图书馆资料的收藏）	·藏书发展政策概述
	国会法律图书馆馆藏政策举要	国会法律图书馆	·特色馆藏政策
		馆藏发展政策：法律文献	
		法律电子馆藏一览	
	联合藏书政策	国家藏书职责	·合作藏书政策
		三大国家图书馆间的学科分工	
		联合藏书政策评述	
	海外文献收藏政策	外国报纸	·海外文献发展政策
		发展中国家文献	
		其他学科海外文献	
	数字及电子资源馆藏发展政策	网站资源保存政策综述	·数字资源馆藏发展政策
		电子资源馆藏发展政策综述	
	国会图书馆馆藏政策评价及未来馆藏发展战略	馆藏政策评价	·馆藏政策评价 ·未来馆藏发展战略
		未来馆藏发展战略	
英国国家图书馆	馆藏政策的发展原则		·藏书发展政策概述
	法定呈缴今与昔		·呈缴本政策
	特藏资源政策导读	西方手稿；音乐收藏；专利文献；集邮藏品；早期印刷型文献等	·特色馆藏政策
	海外文献入藏标准		·海外文献发展政策
	数字资源建设策略	数字资源建设概述	·数字资源馆藏发展政策
		网站资源存档项目	
		数字化项目	

续　表

图书馆	政策框架	具体内容	主要研究重点
法国国家图书馆	馆藏资源发展概述	馆藏概况	· 藏书发展政策概述
		馆藏资源发展政策制定背景	
		馆藏资源发展政策总则	
	特藏资源	文学艺术部；哲学、历史和人类科学部；法律、政治和经济部；手稿部；书目研究部等	· 特色馆藏政策
	数字图书馆（Gallica）		· 数字资源馆藏发展政策
日本国立国会图书馆	呈缴政策综述	国会图书馆法	· 呈缴本政策
		呈缴立法面面观	
		呈缴实况	
	海外文献政策纵横	收集概况	· 海外文献发展政策 · 特色馆藏政策
		馆藏政策	
		特藏海外资源	
	数字资源建设政策与概况	围绕电子出版物的讨论	· 数字资源馆藏发展政策
		围绕网络电子出版物的讨论	
		电子图书馆工程	

2. 国外公共图书馆藏书发展政策研究重点

公共图书馆是地区的信息中心，它向用户迅速提供各种知识和信息。《公共图书馆宣言》中提到：每一个人都有平等享受公共图书馆服务的权利，而不受年龄、种族、性别、宗教信仰、国籍、语言或社会地位的限制。也提到：各年龄群体的图书馆用户必须能够找到与其需求相关的资料。公共图书馆必须藏有并提供包括各种合适的载体和现代技术以及传统的书刊资料。重要的是馆藏和图书馆发展过程，以及记载人类活动和想象的历史。

公共图书馆开放、普遍性、均等性等服务特点都会通过其藏书发展政策的内容表现出来,《世界》书中选编了五所公共图书馆的藏书发展政策内容,从而反映出公共图书馆的服务普通大众的理念。从他们的政策框架(见表6-3)中可以将服务是否具有高质量,是否确实满足地方需求、适合地方条件。馆藏资料必须反映当前趋势和社国外公共图书馆藏书发展政策的研究重点分为以下几点:

(1) 图书馆发展概述;

(2) 文献采访政策;

(3) 外文文献发展政策;

(4) 特藏文献发展政策;

(5) 数字资源发展政策。

表6-3 国外公共图书馆藏书发展政策框架

图书馆	政策框架	具体内容	主要研究重点
波士顿公共图书馆	图书馆发展概况	图书馆的职责	·图书馆发展概述
		馆藏范围	
		馆藏建设目标	
		预算构成及其分配政策	
		馆藏发展政策的制定	
	纸质文献的采选政策	文摘与索引;建筑学档案;图书交易目录和拍卖目录;图书;儿童文学收藏;学院和大学目录;学位论文;情色艺术书籍;政府文献;报纸;善本和手稿;参考咨询资料;再版书;连续出版物和续卷;教科书;翻译作品的收藏原则;其他资料的收藏	·文献采访政策
	缩微、视听、电子文献的收藏政策	缩微资料的收藏原则	
		视听资料	
		电子资源	
	外文文献馆藏建设	研究图书馆	·外文文献发展政策
		其他外文文献的馆藏情况	

图书馆	政策框架	具体内容	主要研究重点
密歇根图书馆	图书馆的使命与职责	图书馆的使命及其实施细则	·图书馆发展概述
		文献保存职责	
	资源建设收藏级别	文献资源采选的职责	·文献采访政策
		文献收藏级别的定义	
		各学科领域的收藏级别	
	特色资源建设	特藏领域	·特藏文献发展政策
		为盲人与肢体残疾人士服务	
		法律分馆	
蓬皮杜公共信息图书馆	图书馆馆藏综述	馆藏状况和特点	·图书馆发展概述
		图书馆的职能	
		百科全书式	
	馆藏文献发展的基本原则	时效性	·文献采访政策
		信息和教育	
		多载体服务	
	文献发展分析与选择的标准	馆藏水平标准；质量标准；伦理标准；法律标准；经济标准；物理标准和技术标准；文献来源方式	
	独具特色的多媒体文献	多媒体电影文献的发展	·特藏文献发展政策
		免费网上资源	
		电影	
巴伐利亚州立图书馆	图书馆发展综述	馆史与馆藏概况	·图书馆发展概述
		馆藏建设职能部门	
		资源建设经费	
		地方法定呈缴政策	
	各种文献的采访政策	纸本专著采访政策	·文献采访政策
		期刊	
		缩微资料	
		古籍	

图书馆	政策框架	具体内容	主要研究重点
巴伐利亚州立图书馆	特藏文献资源建设政策	馆藏重点学科	·特藏文献发展政策
		特藏文献资源建设政策	
	数字及电子资源发展政策	电子出版物采访方针与政策	·数字资源发展政策
		馆藏资源数字化	
澳大利亚新南威尔士州立图书馆	图书馆发展概述	发展简史	·图书馆发展概述
		当前图书馆的战略计划	
		馆藏政策发展概述	
	"生活档案"文献的馆藏发展政策	"生活档案"文献资源介绍	·特藏文献发展政策
		"生活档案"主要内容介绍	
		"生活档案"类文献采访政策	
	"综合参考馆藏"的发展政策	综合参考馆藏概述;	
		内容说明	
	数字资源发展政策	馆藏资源数字化项目	·数字资源发展政策
		商业数据库	
		免费网络资源	

3. 国外大学研究型图书馆藏书发展政策的研究重点

大学图书馆是学校的文献资料信息中心,主要是为教学和科学研究服务的机构,服务对象为学校的师生、研究人员、工作人员、学校管理者等,因此其藏书文献不仅要有数量的保证,同时需要有质量的保证,才能更好地为教学与科学研究服务。

《世界》一书同样选择了5所国外的大学研究型图书馆,从它们的政策框架(见表6-4)中,能够看出国外大学研究型图书馆藏书发展政策的研究对象主要包括:

(1) 藏书发展政策概述;

(2) 文献采访政策;

(3) 数字资源发展政策;

(4) 海外文献发展政策。

表 6 - 4　国外大学图书馆藏书发展政策框架

图书馆	政策框架	具体内容	主要研究重点
康奈尔大学图书馆	馆藏发展今与昔	馆藏现状	·藏书发展政策概述
		馆藏历史	
		目标与未来	
	馆藏发展策略概述	馆藏资源政策的发展小史	
		学科选书馆员制度	
		术语和缩写	
		赠书政策	
	学科采访政策点读	地区研究：以南亚研究为例	·文献采访政策
		人文科学：以书目和信息科学为例	
		自然科学：以化学为例	
		社会科学：以管理学为例	
	数字资源发展策略	馆藏资源数字化策略	·数字资源发展政策
		特色数字资源馆藏	
剑桥大学图书馆	馆藏发展政策一览	馆藏发展政策概述	·藏书发展政策概述
		馆藏发展的目标	
		文献呈缴政策	
		读者荐书和馆员选书	
		语种类别	
		特殊文献类型	
	海外研究与东方语言文献入藏政策	中文文献；日语和朝鲜语文献；近东语言文献；中亚文献；南亚和相关语言文献；其他语言文献	·海外文献发展政策
	数字资源及其他格式资源的建设	电子出版物	·数字资源发展政策
		音频和视频文献	
		缩微文献（含手稿缩微制品）	
	特藏资源建设策略	现代二手文献；参考文献；音乐文献；地图；善本与剑桥类专藏；画像和照片；手稿和档案	·特藏文献发展政策

图书馆	政策框架	具体内容	主要研究重点
波恩大学暨州立图书馆	馆情概览	波恩大学及其图书馆体系	· 图书馆发展概述
		图书馆的职责与目标	
		馆藏概况	
	文献参访总则	作为大学图书馆的采访任务	· 文献采访政策
		作为州立图书馆的采访责任	
		图书、教科书、报刊采访政策	
		收藏级别	
		语种代码	
	重点学科采访方针	总类;英语语言文学;考古学;艺术、建筑学;非欧洲语言学;民族学;历史;东方学、亚洲学;社会学;经济学	
	数字资源发展概况	数据库资源	· 数字资源发展政策
		电子期刊	
		电子书	
		博士论文	
哥伦比亚大学图书馆	馆藏发展政策概述	馆藏历史	· 藏书发展政策概述
		收藏级别	
		复本政策	
		一般采选方针	
		文献采选人员的职责	
		新期刊的订阅政策	
		保存政策	
		剔除政策	
	特色学科采访政策	东亚(西方语种);中国研究;西藏研究;商业/经济;口述历史	· 文献采访政策
	电子资源采访政策	数字图书馆采访政策	· 数字资源发展政策
		电子文本服务中心采访政策	

第二节 上海图书馆藏书发展
政策研究重点

上海图书馆藏书发展政策是研究如何构建符合上海图书馆的定位特点、切实满足服务对象需求、适应信息时代变化与社会建设趋势的馆藏文献资源体系,在今后一段时期内为上海图书馆谋求更长远与更深度的发展。上海图书馆藏书发展政策需要重点研究以下内容:

一、上海图书馆馆藏文献资源建设

上海图书馆藏书发展政策必须确保藏书发展的目标与模式是以上海图书馆的实际情况为基础,因此首先需要研究上海图书馆目前的馆藏文献资源建设情况,准确定义上海图书馆的定位、性质、任务与馆藏特色,彻底摸清馆藏文献的数量、学科、时间、语种与载体形态等结构,把握上海图书馆的馆藏优势与薄弱环节。

二、上海图书馆用户

藏书发展政策需要从上海图书馆服务社会大众的公共图书馆与保障地区文献信息资源储备的研究型图书馆的双重职能出发,研究上海图书馆所在区域用户的范围、数量、类型、需求等情况。需要注意的是,信息时代发展与资源共享工程建设为上海图书馆的馆藏文献资源体系带来了实体与虚拟两种概念,研究上海图书馆的用户也需要从这两种概念入手,除了实际到馆借阅书刊、查询资讯的读者,上海图书馆网络信息平台的远程登录用户、上海市中心图书馆成员馆的读者等利用上海图书馆虚拟馆藏资源的用户同样属于藏书发展政策研究的对象。

三、上海图书馆藏书发展的目标与模式

藏书发展政策要在准确描述上海图书馆馆藏文献资源现状与服务对象情况的基础上,规划上海图书馆藏书发展的目标,包括未来上海图书馆的藏书规模、藏书质量、藏书特色与藏书的利用效益需要达到何种

水平；确立上海图书馆藏书发展的模式，特别突出如何形成上海图书馆馆藏特色，如何协调好电子资源与纸质资源、实体资源与虚拟资源之间的平衡关系；优化目前的馆藏文献资源结构，设计馆藏文献资源的学科范围与收藏等级、出版年代与文献语种结构、不同出版形式与不同载体类型构成，为馆员开展文献资源的选择与采集提供指导。

四、上海图书馆文献资源的组织过程

藏书发展政策的研究重点是上海图书馆馆藏文献资源的组织过程，即以文献的选择与采集、经费的分配与使用、文献的管理与传递、文献资源的共建共享为主的藏书发展相关业务工作。要形成各个业务模块的一系列原则标准、组织机制以及运行规范等，能为领导层作出决策、安排工作、评估绩效提供可靠的依据，能为一线岗位员工具体开展工作提供有效的指导。

第七章　上海图书馆藏书
发展政策的历史

第一节　历 史 的 渊 源

　　藏书发展是一个外来词汇,其包含的内容非常广泛,但在 20 世纪 50 年代以前,人们关注的重点还仅限于藏书采集与购买的活动,对于藏书发展的概念则简单地划同于藏书采选或者藏书采购,图书馆的藏书活动也更倾向于数量上的收藏。而真正意义上算作藏书发展政策的最早雏形则要追溯于 20 世纪 50 年代美国图书馆学会制定的《公共图书馆标准》与《学院图书馆标准》,这些标准指出了图书馆必须有藏书选择和维护的固定政策,这可能是最早的藏书发展政策所包含的内容。[①] 60 年代到 70 年代图书馆开始注重藏书购买的经费使用情况,藏书发展政策多以合理使用经费的指南这一角色出现,成为藏书经费分配的标准。1976 年美国图书馆学会制定了《馆藏建设政策规范指南》,这似乎是将原本较为单一的藏书购买政策提升到了馆藏建设政策的高度,内容也更为丰富,这里的馆藏建设也可称之为藏书建设。20 世纪 80 自 90 年代,藏书发展政策得到了进一步发展,主要以 1996 年美国图书馆协会发布的《馆藏发展政策编制指南》为标志,促进图书馆对馆藏发展政策研究和编制,形成高峰时期,当然,这里的馆藏发展政策也就是所谓的藏书发展政策了。[②] 到了数字时代,图书馆的馆藏形态发生了巨大的改变,而藏书发展政策能够为图书馆提供应对数字化挑战的方

---

　　①　汪冰,曲晶晶.图书馆与藏书发展:历史起源于现代意义[J].晋图学刊,1994(3).
　　②　高红等.世界各国图书馆馆藏发展政策精要[M].北京:海洋出版社,2010:3.

案与蓝图,需要图书馆根据时代的变化而进行新的制定与规划。[①]可见,藏书发展政策其名称与内容随着时代的变迁而不断发生变化,但是无论叫什么名字,包含什么内容,其对图书馆的发展都有着非常重要的意义。

对于我国的图书馆界来说,藏书发展政策的制定与相关研究相对缓慢,肖希明、袁琳著作的《中国图书馆藏书发展政策研究》一书中提到,在 90 年代,中国科学院文献情报中心汪冰博士对国内知名度较高的大型图书馆进行了相关调查但是得出的结论是这些调查者都不知晓藏书发展政策的内涵,其中也包括了上海图书馆。[②]然而从国外的藏书发展政策的历史沿革来看,图书馆对于藏书发展政策的研究是从简单到复杂,从单一到全面的一个发展过程,虽然 90 年代的中国图书馆界对藏书发展政策的知晓程度不高,却不能等同于他们没有藏书发展政策,只能说明藏书发展政策在国内的认识仍处于初级阶段,没有形成系统汇总的政策文件,但与之相关的规范、标准、条例的制定与研究还是在不断地进行着的。尤其是像上海图书馆这样一所历史悠久的图书馆,其与藏书发展活动相关的政策同样拥有着悠久的历史。

第二节　藏书发展政策的主要阶段

藏书发展政策是一所图书馆必不可少的政策性文件,它引导着整个图书馆的发展方向,也规范着图书馆馆藏建设中的各个具体工作环节。它虽然是一份政策文件,但也会随着时代的发展与社会的变迁而不断产生变化,观其历史的沿革,可以看出一所图书馆的过去,同样能预测一所图书馆的未来。上海图书馆从最早一所独立的图书馆,经历了建馆初期、四馆合并、文革动荡、馆所合并再到进入新世纪等各个时期,历经 60 多年,每个时期都对上海图书馆有着深远的影响。然而在

---

① 张新兴. 国外馆藏发展政策研究综述[J]. 图书与情报,2011(3). http://www. cssn. cn/67/6700/201210/t20121027_86249. shtml

② 肖希明,袁琳. 中国图书馆藏书发展政策研究[M]. 南京：南京大学出版社,2002：16－17.

这些关键的时期内,上海图书馆藏书发展相关的政策、规范、办法、条例等也在不断发生着变化,随着时代的变迁,不断指导着上海图书馆馆藏发展的轨迹与方向。

一、上海图书馆成立[①](1952—1957)

上海图书馆是一所历史发展悠久的大型图书馆,它建于 1952 年 7 月,此时尚处于新中国成立初期,国家对于文化事业提出了"百花齐放,百家争鸣"的政策方针,上海图书馆则响应国家的号召,遵循这 8 字方针,在成立初期就发布了《中文图书采购暂行标准(草案)》,该标准(草案)共有二十条,第一条规定了中文图书采购的范围,包括新旧平装书、精装书、新版线装书、画册歌谱等,并且指出该标准是具体确定采购数量的标尺;第二条明确了上海图书馆是一所综合性图书馆的性质,提出了"馆藏力求全面,凡出版图书最少需购一部"的要求,可见中文图书全面采购的要求早在建馆初期时就已提出,并一直沿用至今;第三到第十一条按学科对中文图书采购的复本分别作了大致数量的规定,共分了九大类;第十二条至第十八条则对一些特别的情况作了另行规定,例如,通俗读物按照各类的最低量进行采购等;第十九条说明了该标准(草案)制定的采购标准所遵循的原则,确保了标准的制定有据可循。第二十条表达了标准在日后工作中还有待进一步改善,显示政策的制定需要通过实践工作来不断修正,以保持其内容的准确性。[②] 虽然该标准(草案)只是规范了中文图书采购的工作,并未涉及其他文献类型,其所做的采购数量的规定也相对简单,但是从某种意义上来说,它是上海图书馆第一个关于藏书发展的政策文件,它具有清晰的针对性和目的性,对建馆初期的中文藏书建设工作具有非常重要的指导意义。

到了 1953 年,上海图书馆在去年《中文图书采购暂行标准(草案)》的基础上,同时又配套颁布了《中文图书采购数量标准》,对中文图书采购的书目来源、优秀图书的采集、不同版本图书选择、不同类别图书的采购数量及馆藏地分配做了更为具体、细致的规定,使中文图书的采购

---

① 上海图书馆,上海科学技术情报研究所. 海纳百川 知识导航——上海图书馆成立 60 周年纪念文集[M].上海:上海科学技术文献出版社,2012.
② 上海图书馆中文图书采购标准 1952(档案),1952:11.

工作具有更明确的操作性。①

从以上两份文件可以看出,早期的藏书发展政策的内容就是图书采购,其关注的重点也只是停留在采购种类与采购数量的划分,涉及的内容并不广泛。

二、四馆合并（1958—1965）

1958年上海图书馆与上海市科学技术图书馆、上海市报刊图书馆、上海市历史文献图书馆合并,被称为"四馆合并"。②在1959年上海图书馆出台了《上海图书馆图书采购标准（草案）》,此时采购工作的内容已经发生了转变,由于四馆合并,文献类型势必得到了扩充,因此这份标准（草案）与之前的文件相比,在内容上也做了充分的补充,形成较为完整与全面的政策文件。该标准（草案）分为三个部分,包括总论、采购图书的具体范围以及各类图书采购复本的标准。对中文图书和报纸杂志以及外文图书和报刊的采购范围都作了详细的说明,对不同的文献类型也提出了不同的采选原则。其中要求对苏联出版的俄文文献应广泛采购,而对资本主义国家出版的文献则需要适当选购的规定,就充分体现了当时国内"与苏交好"的年代特性,同样也显示出一所图书馆的藏书发展政策所具有的时代性。此外,为了针对采购工作方法上与工作质量上遇到的问题,上海图书馆还配套颁布了《关于上海图书馆图书采购工作、提高采购质量的意见（草案）》,客观地分析了采购工作的现状及不足之处,并提出了有针对性的改进方案。③ 在当时,这两份草案的结合形成了较为完整的文件内容,符合图书馆的特性,可谓是上海图书馆藏书发展政策的早期雏形,对日后政策的制定与研究提供了宝贵的参考意见。此阶段的藏书发展政策不仅限对采购数量有所要求,同时对采购质量问题进行了探讨,进入了从量变到质变的发展过程。

---

① 上海图书馆采购图书标准1953（档案）,1953：23.
② 上海图书馆,上海科学技术情报研究所编.海纳百川 知识导航——上海图书馆成立60周年纪念文集[M].上海：上海科学技术文献出版社,2012：4.
③ 上海图书馆图书采购标准与编目改进意见1959（档案）,1959：317.

三、文化动荡，停滞不前①（1966—1976）

　　1966—1976 年"文化大革命"的十年浩劫，国家开始处于文化动荡时期，图书馆的性质与职能受到严重的曲解，使我国图书馆事业受到了严重破坏，而上海图书馆也同样遭到了严重的摧残，大量藏书被毁，整个图书馆处于瘫痪状态达 4 年之久，直到 1970 年 7 月才开始恢复开放，而开放后开设的阅览室也并不多。在当时的历史条件下，整体的工作运行十分艰难，对于藏书发展政策的制定也就停滞不前了。

四、改革开放，整顿发展（1976—1991）

　　十一届三中全会以后，改革开放的时代到来，国内图书馆事业逐渐步入正确的轨道，图书馆的性质、职能、任务都得到了进一步的明确。上海图书馆在此大环境下，也开始进行全面的整顿，对过去行之有效的工作进行恢复与加强，同时也开拓了一些新的业务。随着社会的开放，人们对文化阅读的需求激增，上海图书馆的馆藏也日益增多，为了改善馆舍条件，1982 年上海图书馆在南京西路旧址扩建面积为 4000 平方米的 2 号楼；1988 年又在龙吴路建成 10000 平方米的书库，以缓和阅览室与书库空间的日趋紧张。②

　　中共十四大以后，我国改革开放的脚步不断深入，社会主义现代化建设的速度不断加快，为了适应新时期的变化以及人们日益增长的文化需求，过去的藏书发展政策已经不能完全满足当时的现实情况，1994年 3 月上海图书馆出台了《上海图书馆藏书补充条例（试行稿）》。它明确了上海图书馆是"国家举办的省、市级综合性研究性大型公共图书馆"的性质，强调了上海图书馆是"国际图联的机构会员和联合国资料托存馆，是国内重要的藏书中心之一，应努力成为本地区的文献收藏、文献检索，馆际协调协作和图书馆学、情报学的研究中心"。可见，此时馆所已经发展成为重要的文献资源保存中心，在国内外有着举足轻重

---

　　①　《上海图书馆事业志》编纂委员会. 上海图书馆事业志. 上海：上海社会科学院出版社，1996：96.
　　②　《上海图书馆事业志》编纂委员会. 上海图书馆事业志. 上海：上海社会科学院出版社，1996：96.

的地位。

从条例的名称"藏书补充"可以看出,此阶段馆所对于文献资源的扩充有着强大的需求,除了原本的中文图书外,外文原版书刊、台、港、澳出版物、音像资料、缩微资料、机读资料等各种类型文献大量涌现,该补充条例都做了明确的规范。条例主要分为3个部分,包括藏书补充原则、藏书补充范围和重点以及审批手续与权限。提出了"保证重点、兼顾一般"的原则,要求"有计划、有重点、有系统地补充藏书",并按文献类型的不同,对藏书补充提出了具体要求,尤其是增加了对音像资料、地图、缩微资料及机读资料的内容,体现了藏书发展政策顺应新时期出版载体变化的特点。为了使馆藏资源建设的工作更具有操作性,此次条例中还首次增加了"审批手续与权限"部分,对不同类型文献的报审流程做了规定,这就是组织分工的早期形态,为资源补充工作的良好开展提供了保证。

五、馆所合并,跨入新世纪

1995 年 10 月上海图书馆与上海科技情报研究所合并,更名为上海图书馆上海科技情报研究所(简称"馆所"),成为国内第一个省(市)级图书情报联合体。[①] 这一合并也成了上海图书馆藏书发展政策变革中一次重要的历史转折点。从馆所合并以后,随着信息环境的变化,计算机网络的迅速发展,图书馆文献资源建设应对环境变化的节奏不断加快,为了应对外界环境的改变,馆所藏书发展政策的制定与修订也随之达到了高峰,进入了密集制定与修订的时期,呈现不断完善与合理的趋势。

2002 年馆所制定了《馆所馆藏文献采集暂行条例》附《馆所捐赠工作暂行规定》和《馆所文献采集经费使用暂行规定》;2003 年制定了《电子文献采访、验收规则》《馆所关于新订电子资源的流程规范》《上海图书馆接受捐赠中文图书管理条例》;2004 年修订《馆所文献采访工作暂行条例(试行稿)》《馆所文献采集经费使用暂行规定》,制定了《馆所藏书剔除暂行规定》《馆所文献竞拍管理暂行条例(试行稿)》;2005 年制

---

① http://www.library.sh.cn/dzyd/rdsm/aboutus.htm

定《馆所文献捐赠工作管理办法》;2006 年修订了《馆所文献采访工作条例》《文献资源采购经费使用管理规定》《上海图书馆接受捐赠中文图书管理条例》《馆所文献剔除工作暂行规定》;2007 年再次修订《馆所文献采访工作条例》《馆所文献捐赠工作管理办法》《上海图书馆接受捐赠中文图书管理条例》,制定了《关于调整普通外借图书复本的实施意见》等。此外馆所相关部门根据文献采访原则以及各文献类型的特点,还制定了一系列实施细则与辅助规定,包括:中文普通图书采访工作细则、中文报刊采访工作细则、外文普通图书采访规则、外文报刊采访工作细则、音像资料采选工作细则、特种文献采访验收规则、地方志采选工作细则、出版社赠送样书处理办法等。

在此阶段的馆所藏书发展政策主要具有以下特点:

1. 形成结构体系

进入新世纪后,馆所藏书发展政策的内容得以不断扩充,各条例、规定反复修订,从政策的名称来看,各政策条例平行公布,且都针对不同的工作展开,但是从内容来看,各政策之间都相互联系,有着从属的关系。例如:《馆所文献竞拍管理暂行条例(试行稿)》其总则第一条就说明了该条例是根据《馆所馆藏文献采访工作暂行条例》的有关条款制定的,是一款附属的说明性文件。此外,根据文献类型的不同,馆所相关部门制定的各种采访工作细则也都是辅助说明文件,对具体的采访工作有所规范。从线性的角度看,这些条例、规范逐渐形成了一套以文献采访工作条例为主体,各类型文献采访细则为辅助,采购经费使用管理、文献捐赠管理办法、文献剔除规定等为附加的藏书发展政策体系。

2. 明确图书馆的职责与使命

新世纪的藏书发展政策,对图书馆的职责与使命作出了明确的规定,对馆所藏书发展提出了要求与努力的方向。2007 年修订的《馆所文献采访工作条例》就明确了馆所是一个地区综合性、研究型、公共图书情报联合体,是上海市中心图书馆的总馆,是上海地区重要的文献信息资源中心,具有积淀文化、致力于卓越的知识服务的使命,成为与上海的经济、科技、文化与社会发展相适应的、完整的、合理的、有特色的文献保障体系;其馆藏资源建设以"中文求全,外文求精,多品种,少复本"为总原则,以"满足当前,兼顾长远,抓好基础,突出重点,注重特色,照顾一般为基本原则"。

3. 重视电子资源的采选

随着社会的变迁,图书馆面对了一个新的时代,数字资源与日俱增,读者数字阅读的需求也不断加强,使图书馆文献资源建设发生了巨大的改变。馆所顺应时代的要求,对电子资源的采选加大了力度,对其工作进行了规范。在《馆所馆藏文献采集暂行条例》(2002 年修订版)中就提出加大非书资料的订购力度,提高电子资源的比例,合理控制印刷型与电子版的比率。虽然该年的条例中并未明确说明非书资料的范围,但是在次年制定的《电子文献采访、验收规则》中就明确了电子资源所指的是各种光盘版、镜像网络版以及远程网络版的电子文献,确定了电子资源的范围,强调了此类文献采访应注意完整性与适用性,同时对新订及续订电子资源的工作流程做了具体规范。

到了 2004 年的《馆所文献采访工作暂行条例(试行稿)》以及 2007年的《馆所文献采访工作条例》中也都强调了加强非书资料(包括光盘、磁盘、录像带、录音带、网络数据库等)的订购,加大力度改变原有藏书结构的要求。可见新世纪馆所的藏书发展政策对电子资源采选的重视。

4. 强调馆藏合作

进入新世纪后,纵观各采访工作条例的修订版,能看到加强与上海市文献资源共建共享协作网成员馆和上海市中心图书馆分馆的采购协调工作、力求节约经费、增加品种、减少复本,实现文献资源的结构优化和共享的要求,可见,随着社会信息的不断扩大,靠单一的机构已经无法囊括所有的资源,馆藏合作、资源共享已经越来越成为馆所重视。

第八章　上海图书馆藏书发展政策系统构建

第一节　藏书发展政策制定系统

政策制定系统的职责主要是在深入调研的基础上制定出适合上海图书馆实际情况的藏书发展政策,并且在政策执行的后期对其进行修订完善。

政策的制定系统必须是一个跨层级的团队,其成员必须包含上海图书馆高层领导班子、文献资源建设委员会、各个业务中心与职能处室的负责人、业务技术骨干与相关岗位的一线工作人员等,确保能够听到来自多个层级的反馈意见。

高层领导在制定系统中起到核心的调控与管理作用。只有高层领导的加入,才能从全馆的角度进行通盘考虑,帮助把握政策的大方向。此外,藏书发展政策的制定需要经历调研、分析、试运行等多个阶段,每个阶段都无可避免地需要全馆上下的配合,而此时高层领导就必须要承担有效的总体统筹协调的角色。

文献资源建设委员会是上海图书馆专设的馆藏资源建设的咨询机构,在制定系统中的职责是协助审议研究上海图书馆的藏书建设规划,从图情专业的角度提供决策的咨询服务。

每个业务中心与职能处室及其各个下属部门的负责人对于其主管的业务模块有整体的理解与掌控,一线岗位员工则往往对业务工作的操作有更为直接的体验,他们的意见有助于优化流程结构。

制定系统虽然是一个多层级的内部结构,但需要树立起"无边界合作"的指导思想,加强协调合作的良好氛围,建立起打破原有边界框架的完备的沟通机制。每一次会议的召开,都必须要有全体成员,或者至

少是每个层级的代表成员的参加,一线岗位的员工也可以向高层领导
自由表达其想法。

制定系统在运作时需要启动管理的"并行工程"(Concurrent
Engineering,CE)模式,即将制定藏书发展政策视同于企业开发一种产
品,必须强调整体的优化提升,而不仅仅是某一部分的改进。图书馆各
项业务工作之间互有联系穿插,很难割裂开来,采用并行工程的模式可
以有效避免单纯地改进某一方面却忽视了整体的改善。为此,每一项
业务板块工作的审视、研究与调整,都要联合其他业务部门共同参与,
比如文献采访政策的制定由业务处与采编中心总负责,涉及文献经费
使用的部分需要财务处参与共同制定,涉及国际交换与赠送业务的部
分则必须有国际交流处的加入。

第二节　藏书发展政策执行系统

政策的执行系统的主要职责是在藏书发展政策以文件形式出台
后,在全馆范围内最大限度地传达文件的精神,执行政策中规定的一切
原则、标准与操作规范,确保政策能够有效指导上海图书馆的藏书发展
活动。

政策执行系统中首先必须包含前期准备机制,主要负责政策文件
精神的传达工作。通过发放纸质形式的文件、在职工内部网上刊登政
策全文、召集各业务中心与职能处室的负责人及员工代表组织政策学
习班等多种形式,确保全体馆员能够统一明确上海图书馆的藏书发展
的目标、形式、馆藏的现状、特色与重点等内容,详细了解各项藏书发展
业务新的原则、机制与操作办法。政策文件精神的充分传达,是执行藏
书发展政策并取得良好的预计效果的最重要的基础。

政策执行系统中还必须包含工作部署与协调机制,主要负责各项
藏书发展业务工作在全馆范围内的安排布置,确保各项业务工作能够
按照新的政策所制定的章程来妥善运行。该机制是一个纵向上多层
级、横向上跨领域的立体结构:每个层级由整体到局部,各自分工,高
层领导负责统领政策的实施,站在全馆的高度总体布置工作,各个业务

中心的主任、各个职能处室的处长负责主管业务板块的工作安排,同时继续下设具体某一部门乃至工作小组的执行负责人,保证政策实施到位;主管不同板块,但业务工作有交叉的情况下,各中心与处室需加强沟通,共同协作部署。

执行系统在运作过程中要施行管理的标准作业模式,包括员工的标准作业与领导管理层的标准作业两个部分,只有全馆上下严格遵循正式的政策文件,才能为政策的顺利实施并发挥既定效果提供坚实的制度保障,并在馆内形成严明的纪律。

第三节　藏书发展政策支持系统

一、藏书发展政策的监控系统

政策的监控系统的主要职责是监督藏书发展政策的执行过程,确保政策进入了事实执行状态,没有停留在文件的层面,同时执行的力度到位,能够实现预期的目标。

建立监控系统,可以采用可视化管理(目视管理)的方法。虽然图书馆的业务与工厂车间的流水线操作存在较大差异,无法直接运用看板等可视化控制工具,但可以充分采用其思想,秉持直观可视的原则,用最显而易见、最准确且最易于评估的统计数据与反馈意见表现政策的执行效果,反映政策的实际执行情况与制定之初的预期效果之间是否存在差距,差距的程度如何,存在哪些异常点。切记不要用复杂的数字或表格体系做监测记录,避免让反馈系统以及更上一层的执行与制定系统花大量的时间去猜测分析监测结果,降低工作效率。比如,监控系统对馆际互借的物流体系进行监测,用简洁的表格记录每次馆际互借图书从本馆发出至送达对方单位所花的时间,并与规定的到达期限作对比,物流配送是否正常运转一目了然。

建立监控系统,覆盖全馆的实时监督体制也是关键之一。要以藏书发展政策为主要依据,将定期检查政策的实施情况纳入常态化管理体系。比如,每个月统计采访的外文图书的学科结构,检查是否有根据文献采访政策的要求,保证重点学科的入藏比例;定期抽查 Horizon 中的中外文书目数据,检查数据是否规范、是否存在明显的低级错误、是否方便读者查询利用;每个季度检查文献采购经费的支出情况,确认有限的经费是否做到了专款专用,每一笔经费的审批与支付是否都严格按照规章流程来执行。

监控系统除了配备专业且专门的系统操作人员,还可以在全馆各个业务工作岗位设置兼职的监测员,以便最及时地反馈业务工作的情况,发现异常情况。

监控系统要将监测的结果及时发送给政策的反馈系统,当然,监控系统也可以与反馈系统合并,共同承担好支持辅助的角色。

二、藏书发展政策的反馈系统

政策的反馈系统的主要职责是在政策的制定与执行过程中接收一切数据信息与意见建议,包括来自内部的监测系统、馆员以及来自外部的用户、图情界专家等,该系统还需要将反馈的声音及时反映给政策的制定与执行系统,做好辅助工作。

藏书发展政策必须切合上海图书馆的实际情况,因此在初期制定阶段,深入而广泛地调研,倾听用户的需求与专家的意见并在此基础上改进现行工作,是政策制定的重要基础之一;进入执行阶段,因政策本身可能暴露出事先预估不足的缺陷、面临的外部环境发生转变等因素,对于政策定期的修订与完善是必不可少的,此时,能够反映政策运行过程的真实情况与执行效果的反馈信息将成为政策修订的主要依据。总之,在政策的制定到执行的所有过程中,来自内部以及外部的声音的准确传达具有极其重要的意义,建立完备的反馈系统是必不可少的。

在政策的执行阶段,反馈系统与监控系统一样需要可视化管理的运行方式,在这里,"可视"表现在反馈信息的广泛性与通达性,即各个部门都能够看到。反馈系统除了将汇总分析好的反馈信息传达给上级的制定与执行系统,还要通过专门的信息交流网络,传达给不同的业务部门,方便各部门及时明确前一阶段的工作情况并进行自审自查,探索问题的解决方案或作出合理有效的出错预防。

反馈系统需要配备专门的工作人员,对来自馆员、用户与专家的意见和建议进行整理汇总,对反馈的数据信息进行统计分析,并将结果汇报给制定系统与执行系统。

三、藏书发展政策的评估系统

政策的评估系统的主要职责有两个:一是在制定阶段对政策的调研方案、拟定的草案、试运行效果及最终形成的文件进行评估;二是在执行阶段对政策的执行效果进行评估,为政策的后期修订与完善提供参考。

这两个阶段的评估,都可以从内部和外部两个角度来展开。举例来说,内部效果测量包括检查通过流程改进编目加工速度是否有所提高,馆员的工作效率是否获得提升;通过馆藏文献资源的数字化转换,书库空间是否得到了节约等;外部效果测量包括调研用户对于馆藏文献资源的满意度、书刊外借程序的简便程度等。

评估系统需要结合上海图书馆的实际情况,建立起科学合理的测量与审核标准,发现问题,不断改进。进入执行阶段,新的藏书发展政策将成为评估政策执行效果的主要参考依据。

评估系统的成员需包含馆内的高层领导与管理班子、各业务中心与职能处室负责人、各工作领域的业务骨干。同时,考虑到政策必须与图书馆业界的一般标准保持一致,以及政策所面临的环境、需包含的因素的极端复杂化,还可邀请图书馆情报行业的专家加入评估系统,或可提供一些全新的视角与思路。

第二部分

分　析　篇

第九章　上海图书馆藏书发展政策现状分析

第一节　藏书发展政策现状特点

一、上海图书馆现有藏书发展政策优点

1. 结构清晰

在信息量巨大的如今,繁多的文字会使人应接不暇,政策之类公务性的文书一般要求具有清晰的条例结构,能让阅读者只看到每段文字的标题就能快速了解和把握该段文字将要描述的信息。目前的上海图书馆藏书发展相关政策在这一点上做得较好,整体严谨规范,能让阅读者在最短时间内大致把握该政策的结构框架,并在此基础上由外及里地去细看政策的内容,减少在不必要的反复推敲文字的时间,有利于政策实施者更好地掌握政策的具体内容。

2. 分工明确

在上海图书馆现有的相关政策中,每一份文件都能清楚地看到"组织分工"这一项,明确了该规定、办法或者条例所涉及的职能部门。总体而言,"组织分工"板块基本包括了该项业务工作的管理部门、执行部门、监督部门等。例如:《上海图书馆上海科学技术情报研究所文献捐赠工作管理办法》中业务处是上海图书馆捐赠工作的管理部门;采编中心和历史文献中心是捐赠资料管理的执行部门;监察室则行使文献捐赠和管理工作的监督职能。

明确的组织分工便于政策的实施人员了解自己所属部门的职责与任务,以便具体落实政策内容。政策规定了业务执行部门的权利权限,使执行部门具体操作时有章可循;管理部门在政策实施过程中实行统一规划、统一管理,及时发现执行部门操作流程中的问题并加以解决;

监督部门则起到了监控的作用,确保政策实施的规范与准确,保证政策内容的顺利执行,同时也对管理部门形成一种约束。

3. 操作性强

上海图书馆现有相关政策的具体内容,除了有清晰的结构模式和明确的组织分工,其具体内容都有较强的可操作性。如《上海图书馆上海科技情报研究所文献采访工作暂行条例》中分别对中文书刊、外文书刊、特种文献、电子出版物、古籍等不同类型的文献的采选原则作出了定性的要求,同时对不同类型文献复本量的采购给出了定量的规定,例如,一般中文图书每种购四册,外文图书及港台图书购一种,每种一册,等等。首先定性,确定目标与原则,给予操作者采选的范围与方向,再用定量的数据来明确具体操作,通过简单、清晰的数字来替代繁复的文字,减少汉字表述可能带来的歧义,使得操作者在具体的工作上能够有的放矢,不会因为模棱两可的含义而产生误解,从而提高工作的准确性。此类定性定量的政策内容除了具有便于操作的特点,也有助于监管部门的检查与评估。

二、现有藏书发展政策的不足

1. 完整性欠缺

一套完整的图书馆藏书发展政策,需要包含文献采访、经费分配、藏书管理、合作藏书与资源共享这几项基本政策,此外还要包括馆藏现状、藏书发展目标与模式等宏观层面的内容。应该说上海图书馆目前在这些藏书发展的各个业务板块都有一套自成体系的政策,但这些现有的政策未获得有机整合,以完整规范的文本形式展现出来,且对于宏观层面政策的叙述也大多分散在各项微观层面的政策中,同时,各项政策间相互联系不够紧密,缺乏一定的系统完整性。比如,采购进馆的文献资源的编目、加工、整理上架、提供给用户的传递服务以及配套的参考咨询服务等同属于藏书管理业务板块,但目前这几类工作分散在各个业务中心或部门,各自有一套管理的办法,相互之间缺乏联系沟通机制。在制定藏书管理政策时,采编中心与读者服务中心应该联合操作,共同出台一套有机结合各项业务的对两个中心都具备指导与约束能力的政策。

2. 时效性脱节

仅就在内部网上刊载的四项政策而言，最近一次的修订时间都在 2006 年、2007 年，距今已经过去了八九年。这些政策固然涵盖了许多历来具有上海图书馆特色的工作体系与方式，符合上海图书馆的真实情况，也在实际运行过程中被证明是行之有效的，今后可以继续沿用。但必须认识到的是，在这八九年的时间里，上海图书馆面临的内部与外部环境都发生了重大的转变。建设中的数字图书馆工程改变了上海图书馆原有的许多传统工作与服务模式；服务的用户范围不断扩展，用户的需求也随之趋于极端多样化与复杂化，对文献信息资源的采访与管理工作提出了更新更高的要求；互联网的出现与发展加速了图书馆资源共享前进的步伐，但也同时带来了网络信息管理、部分用户流失等一系列更为严峻的问题。很显然，现在的政策体系已经出现了一些时效上的脱节，继续沿用势必不利于上海图书馆长远发展的部分。

例如，近些年电子资源的快速发展，使上海图书馆不得不面对电子资源采集与收藏的各种问题，例如纸本文献与电子文献的采购比例、电子资源的采访原则、电子资源采购经费的使用办法、电子资源代理商的评估标准等。而在上海图书馆现行的若干政策中，对于这一部分内容少有涉及。当然，2006 年、2007 年，上海图书馆的电子资源建设工程刚刚起步，在处理上述电子资源建设相关问题上仍处于试验与探索的阶段，要求当时就出台该方面的完整政策似乎有些苛求。但从现在来看，早年修订的这些政策显然已经无法满足时代变迁的现实需求。制定上海图书馆新的藏书发展政策，必须结合深入调研，找出此类不足之处并作出改进优化。

3. 藏书建设重点不够明确

特色馆藏、电子文献资源以及虚拟馆藏资源的建设是上海图书馆藏书发展建设进程中的重点。地方文献、古籍等传统特色馆藏反映了上海图书馆的馆藏优势，是上海图书馆竞争力的体现；电子文献资源是馆藏文献体系的重要组成部分，上海图书馆计划在"十二五"结束阶段电子资源的采购经费要占到整体的 20%～30%；虚拟馆藏资源纳入馆藏文献体系，则是合作藏书发展与资源共建共享工程逐步完善带来的必然结果。这三个模块的业务工作应该在上海图书馆的藏书发展政策，尤其是文献采访政策中得到着重体现。

但细观目前的藏书发展政策体系,这三方面资源建设的内容没有得到重点突出。仅在文献采访条例中有简单谈及特色馆藏与电子资源,表述比较笼统,未突出其重要性,且散见于各个条款,没有集中叙述使人一目了然。有关虚拟馆藏资源建设的意义、虚拟馆藏资源的定义范畴以及其与实体馆藏资源建设的协调互补等重要内容则未谈及。新的上海图书馆藏书发展政策应参考发达国家公共图书馆的政策形式,将特色馆藏、电子资源与虚拟馆藏资源的选择与采集问题在文献采访模块内单独列章进行重点阐述,将电子资源与虚拟馆藏资源纳入整体馆藏文献体系后所带来的各种工作方式与服务模式上的转变在相应的章节中加以反映。

第二节　藏书发展政策内部环境分析

大力推进数字图书馆建设,这是信息时代公共图书馆藏书发展所应达成的基本目标。为了顺应数字图书馆的发展要求,上海图书馆正积极改造内部技术环境,应用创新的思维模式,开展内部信息基础设施建设与新型服务管理平台构建,一所向国际一流水平看齐、展现良好时代风貌的数字化图书馆已基本建成。

上海图书馆的数字图书馆建设以图书馆自动化系统与馆藏资源数字化集成为中心,实现了业务工作方式与文献传递服务模式两方面的转变,同时也赋予了上海图书馆藏书发展政策更丰富的内涵,为上海图书馆的藏书发展注入了新的活力。

一、工作方式

上海图书馆采用了目前世界上比较先进的图书馆计算机自动化管理系统,在资源建设、平台开发、网络服务的整体框架中加强整合技术的研究应用,加强数字图书馆与传统图书馆自动化建设中的标准化与服务开放接口的应用,促进传统图书馆与数字图书馆的业务融合①。

---

① 《上海图书馆上海科学技术情报研究所 2011—2015 年发展规划》.

一方面,图书馆业务自动化管理的逐步推进,简化了原来繁琐的工作流程,为馆员操作管理带来了便利,提升了工作效率与服务效能。例如:ILAS 系统、Horizon 系统的应用,彻底结束了步骤繁多、较易产生失误的采编业务依赖制卡排卡的时代;RFID 技术的引进,实现了读者自主借还书刊,变革了书刊人工外借服务的传统模式与流程。

另一方面,上海图书馆各种馆藏文献、资源的电子化信息数据建设基本完成,在馆藏特色资源的数字化开发利用方面也已初见成效,一批馆藏特色珍贵文献已实现全文数字化。馆藏资源数字化建设也使上海图书馆保存文化遗产的方式趋于多样,扫描、缩微、复制等技术实现了珍贵古籍文献的修复性与保护性数字化转换,延长了其存续的寿命,同时也方便了用户的利用;馆藏资源的数字化建设还解放了部分馆藏空间,有利于上海图书馆更为科学合理地设计规划馆藏布局、优化馆藏资源结构。

在制定上海图书馆藏书发展政策时,需要充分考虑以上内部环境的改造所带来的传统业务工作方式的转变,尤其是在优化工作流程、规划馆藏布局、设计文献管理全新方法时,着重考察高新技术与自动化管理系统的应用,探索更为合理、更能发挥馆藏文献使用效益的藏书发展模式。

此外,数字图书馆建设也对图书馆馆员提出了更新更高的要求。图书馆转型背景下的一名合格馆员,除了要具备过硬的业务操作技能与扎实的业务知识基础,对计算机与网络系统操作技术的熟练应用、对全新工作环境与模式的适应能力、对陌生领域的学习意愿等其他素养都是必不可少的。对此,上海图书馆藏书发展政策需要专门列出馆员培训的相关内容,将馆员培训纳入常态化管理体制,详细阐述馆员培训的意义、内涵与范畴,明确馆员培训的方式与配套的考核机制,为上海图书馆藏书发展政策的顺利推进实施提供坚实的人力资源保障。

二、服务模式

数字图书馆背景下,上海图书馆不再局限于实体的书刊与资料的传递服务,内部技术环境的成熟使得依赖新型媒介的电子资源与虚拟资源的传递成为可能。上海图书馆以计算机通信设备为依托,以应用软件为手段,开展形式多样的新型用户服务,加快了知识信息的传播速度,扩展了用户利用的途径与范围,也加强了馆藏文献资源的使用效益。

上海图书馆是我国第一个通过因特网向全世界读者提供整体化数字资源服务的公共图书馆[①],目前已基本建成了整合本地区各类专业图情机构文献资源信息的中心图书馆城域服务网络,基本建成了囊括海量优质资源、检索简便、界面友好的公共网络信息平台,用户无须到馆,便可通过上海图书馆搭建的网上平台实现远程登录,轻松利用来自上海图书馆馆藏、上海市中心图书馆共享,乃至全球范围内丰富的信息资源。

新技术新载体的研发与应用,更为上海图书馆的用户带来了全新的利用体验。2012 年,结合国家数字图书馆推广工程,上海图书馆推出了"上海市民数字阅读推广计划",包括市民数字阅读网站、微博矩阵、阅读终端体验和外借服务、手机图书馆、网上联合知识导航站等内容[②],整合了馆藏的 100 万种电子图书、1 万种电子期刊以及近千种电子报纸,打造了全方位的数字服务空间;2013 年,上海图书馆还开始推出平板电脑外借服务,并加快推进智能图书馆、自助图书馆和电子阅览室建设,努力为读者提供更多现代化的自助便捷服务[③]。

数字图书馆建设带来了上海图书馆馆藏文献资源服务模式的升级,也为藏书管理模块中的藏书传递政策增添了新的内容。这一部分政策除了叙述传统的书刊外借的管理机制与注意事项,还要叙述新型信息资讯服务的相关内容,包括目前馆内可提供的服务形式、管理方法、操作规范、未来的发展计划等。

第三节　藏书发展政策外部环境分析

进入新世纪,随着信息获取的方式趋于多样,信息获取的难度大幅

---

① 吴建中,金晓明.上海图书馆的"虚拟—现实图书馆服务体系"[J].四川图书馆学报,2003(4).

② http://www.libnet.sh.cn/tsgxh/list/list.aspx?id=7030.

③ 《上海图书馆上海科学技术情报研究所 2011—2015 年发展规划》。

降低,公共图书馆在信息资源浪潮中的主要优势地位正在被削弱。人们对一所公共图书馆的评判标准,也从原先的图书馆拥有多少馆藏,转变为图书馆可以从哪些渠道整合多少信息,并且是否能够协助用户在有限的时间内检索并有效利用到他们希望利用的信息资源。近年来,上海图书馆积极应对外部环境的复杂变化,加强电子资源建设,拓展藏书发展业务形态,加快向复合型图书馆的转型升级步伐,但依然面对着数字出版与网络服务分流部分用户群、网络信息资源管理问题严峻等诸多课题。

一、网络信息资源

数字时代,媒介技术的高速发展改变了人们传统的手执书卷的阅读方式,电子书、手机报、平板电脑等电子阅读器已融入了人们的日常生活,电子阅读器拥有轻便、快捷、可随时随地轻松阅读且存储量大等传统纸质书刊所无法比拟的优势,由此自然而然地削弱了现代人对于实体图书馆馆藏文献资源的依赖性;另一方面,互联网环境的迅速成熟,可以让用户不受时空限制,利用各大搜索引擎,免费搜罗自己需要的信息,图书馆作为资源信息库在信息服务领域中的地位受到严重挑战,其生存空间受到直接威胁。

面对来自外界的强有力竞争,上海图书馆在保证纸质文献资源供应充分、履行好地区文献资源保障职责的同时,用更为崭新的视角重新审视新环境下的自身馆藏资源体系、文献资源管理体制与文献传递服务模式,努力吸引更多的用户回归图书馆,产生更大的社会服务效益。

首先,上海图书馆顺应时代发展的动向与人群阅读需求的变化趋势,利用多样化的信息技术手段,建立起完备的电子资源与网络信息资源共享平台,尽最大可能满足用户不断增长与变化的信息需求。

同时,上海图书馆转变发展思路,创新服务模式,推出了市民数字阅读推广计划,在馆内专设新技术体验中心,并开创了外借电子阅读器、U盘图书馆等完全符合新时期用户阅读习惯、迎合用户阅读口味、能够与数字出版业界相抗衡的信息时代的服务机制,打造了全方位的数字阅读服务空间,打破了纸本文献传递的传统图书馆形态;此外还充分利用图书馆资源整合的优势,为用户提供更为准确也更为便捷的信息导引与检索途径,真正体现了公共图书馆公共文化服务的价值。

此外,鉴于数字出版与网络媒体信息量虽大但多凌乱分散,用户搜索利用往往费时费力,上海图书馆充分利用自身作为本地区最大型信息研究中心的优势,集聚海量文献资源与专业人才力量,优化了一系列面向普通公众及社会机构的信息咨询服务模式。例如,为中小企业提供公益性情报服务的"创之源"、为党政机关提供决策咨询的"上图专递"系列服务品牌、为2010年上海世博会成功举办提供信息资源支持保障的世博信息中心、联合国内近百位专业参考馆员与行业专家共同回答用户提问的网上联合知识导航,等等。一系列丰富快捷、准确到位、多层次、全方位的信息资讯服务,受到了社会各个阶层用户的广泛欢迎,也为上海图书馆的藏书发展找到了新的增长点。

加大电子资源建设力度、拓展搭载新媒体技术的信息资讯服务模式、开展针对性更强且覆盖面更广的优质参考咨询服务,上海图书馆近几年采取的以上应对措施已被证实取得了一定成效,有利于打造上海图书馆的品牌效应,因此可以在新的上海图书馆藏书发展政策中得到体现。

二、网络信息资源管理

网络信息资源纳入传统馆藏体系,是信息时代上海图书馆转型成为新型复合型图书馆的必由之路,但另一方面,网络信息资源的管理问题不容忽视。

网络信息具有海量性、随机性、复杂性的特点,如何使用户从浩如烟海的网络资源中获得所需要的信息,是互联网世界面临的一大难题。一所公共图书馆,如果仅仅是搭建了一个网络信息的检索平台而不对纷繁芜杂的网络信息进行必要的筛选与重组、对其中的内容进行必要的审查与过滤,如果不能通过导航有效地协助用户更为准确迅速地定位自己所需的信息资源,那么其与互联网上大大小小的网站别无二致了。因此,时代赋予图书馆员一个新的使命,就是通过网上资源编目,把无序的网络空间变成有序的数字图书馆[①]。

---

① 吴建中. 中国图书馆发展中的十个热点问题[J]. 中国图书馆学报,2002(2).

上海图书馆要重视网络信息资源的整理识别与引导工作,不仅成为网络信息资源的收集者,更要成为其管理者与传播者,搭建起资源丰富、利用便捷的网络信息通道。上海图书馆藏书发展政策要在虚拟馆藏文献资源建设板块中专门谈及网络信息资源的管理问题,研究制定出一套合理有效的网络信息采集、加工、管理与传递机制;要提出知识产权的保护措施,建立起相应的防范、惩戒与引导机制,防止部分用户恶意地下载利用及不良信息泄露;要增加针对网络平台用户的宣传工作与技能培训相关内容,以便帮助用户树立起合理使用共享资源的良好意识,同时减少因操作不当引起的无意识的侵权行为。

三、用户环境

上海图书馆的藏书发展政策是以用户需求为导向,从用户的角度出发、站在用户的立场上优化藏书结构、规划藏书发展活动、开展藏书发展业务,因此,整个政策的制定与执行过程,对于用户情况、馆藏文献资源利用现状以及目前及将来的需求的调研是不可或缺的重要环节。纸质资源为主体的传统图书馆可能单凭一张借书卡、一张阅览证、一张调查问卷就可以比较方便地实现对读者结构的统计、对读者需求的调研,但新形势下的复合型图书馆则不然。因其所面临的用户环境发生了翻天覆地的变化,用户的定义获得扩展,用户的结构发生转变,用户的需求趋向多元,对于用户情况的把握、对于用户需求的定位变得格外困难,用户调研的形式也必须作出改进。

1. 用户定义的拓展与用户结构的改变

数字图书馆背景下、网络时代的上海图书馆的用户范围,早已突破了图书馆围墙的限制。只要是利用包括文献传递服务、中心图书馆馆际互借、远程网络平台等在内的一切可能的信息技术与物流手段,借阅、下载、分享上海图书馆馆藏文献资源信息的,都是上海图书馆的用户。用户可以是常住上海,也可以是来自全国各地,甚至可以远在海外;用户可以是个人,也可以是某一科研团队、高校、企事业单位或政府机关。

随着用户定义的拓展,对于用户结构的统计分析工作也要随之作出相应调整。针对个人用户,除了原有的年龄、职业、学历的分析,还要增加"常住地"、"经常利用的图书馆与网站"等内容。针对集体用户,要调查其性质、规模、特色、开展的主要项目等。

即使是传统的到馆借阅书刊资料的读者,其结构也会发生变化,不能凭所谓的常理与经验来判断。比如,根据2009—2012年西文图书流通数据的统计结果,在全年利用西文图书的读者年龄段构成中,1990年以后出生的读者2010年之前保持在5%左右,到2011年跃升至15%,2012年甚至达到了1/4,可见"90后"读者已经迅速成为上海图书馆西文图书的主要读者群体之一(见图9-1);又如,在读者职业构成中,一直作为主要读者群体的学生从2009年的近40%,逐步下降到了28%,科研人员、工人以及职业定性不明(填写"其他")的读者的比例均有所上升,职业结构显示出一定的复杂性(见图9-2)。

	2000以后	1990年以后	1980-1989	1970-1979	1960-1969	1950-1959	1940-1949	1930-1939	1929年以前
2009	0.00%	4.36%	40.83%	37.14%	9.57%	4.73%	2.00%	0.98%	0.36%
2010	0.02%	6.18%	40.94%	35.18%	10.45%	4.47%	1.70%	0.75%	0.32%
2011	0.07%	15.29%	35.38%	32.84%	9.66%	3.94%	1.57%	0.92%	0.21%
2012	0.00%	25.04%	32.77%	27.53%	8.84%	3.32%	1.32%	0.94%	0.24%

图 9-1 读者年龄段构成

	学生	公司职员	教师	科研人员	其他	临时	机关干部
2009	39.62%	11.93%	10.36%	9.72%	10.33%	2.89%	2.38%
2010	36.82%	11.90%		8.86%	10.49%	3.35%	2.84%
2011	31.14%	13.11%	8.72%	14.16%	12.27%	3.16%	1.72%
2012	28.33%	11.46%	6.99%	13.47%	20.78%	1.90%	1.71%

工人	商业职工	医护人员	军人	待业	文艺工作	个体户	无效
9.14%	1.29%	0.76%	0.54%	0.46%	0.28%	0.28%	0.02%
11.31%	1.15%	1.10%	0.57%	0.48%	0.32%	0.45%	0.01%
11.89%	1.06%	0.77%	0.51%	0.39%	0.33%	0.66%	0.10%
11.74%	1.28%	0.61%	0.35%	0.41%	0.52%	0.47%	0.00%

图 9-2 读者职业构成

2. 用户对知识信息需求的改变

用户对知识信息需求的改变,是因用户范围的扩展与结构的改变所导致的,比如上文提到的年轻一代的读者在西文图书读者群中所占比例增加,年轻的读者相对而言科研水平较低,更倾向于阅读以介绍基础科学知识与前沿动态的普及类读物、带来轻松休闲体验的文学类图书,以及对学习求职等有直接帮助的工具书等,在研究西文图书采访学科结构时,必须将这一读者需求的变化考虑进去。

用户对知识信息需求的改变,还是时代发展的必然结果。一方面,社会大环境瞬息万变,人们在所从事的社会活动中遇到的问题趋于复杂多样,往往无法轻易找到一个统一的解决方案,由此他们期待图书馆能够有效地解决他们个性化的需求,比如帮助他们找到一本比较冷门学科的历史沿革资料,图书馆用户的需求已从过去的比较单一与集中,逐步向个性化、复杂化方向发展。

另一方面,网络信息环境的迅速生成大大开拓了用户获取信息的途径,对于某些用户,尤其是接受新鲜事物速度快、熟练掌握新生媒介的年轻用户,想要查阅资料、了解资讯,可能会更偏向于使用便捷、信息含量更大的网络媒体。在此背景下,用户对于图书馆的要求越来越高,他们可能不再满足于单一的书刊的借阅,而是希望图书馆搭建一个信息资讯交流的平台,成为社会第三空间的存在,不仅提供借阅服务,而且开展文化交流和知识共享活动[1]。上海图书馆应把更多的注意力放在用户对于知识信息的普及、传播与共享需求上,并时刻关注用户所处的新技术环境。

用户结构的改变、用户需求的日益个性化与复杂化,对上海图书馆开展必要的用户调研活动提出了更新更高的要求。用户调研绝不是仅仅以制定藏书发展政策为目的的一次突击行动,而是要成为日常管理工作的一个重要组成部分。可以研发统计归纳用户结构与文献利用情况的自动化系统,配以专门人员定期获取数据进行用户需求分析与预测。同时鉴于上海图书馆虚拟馆藏资源用户的增多,可以与资源共建工程的各家合作机构协作开展用户调研工作,并共享各自调研的成果。

第四节　藏书发展政策运行条件

一、文献保障

文献保障是上海图书馆藏书发展政策正常运行的首要条件,是上海图书馆履行公共图书馆提供公共文化服务的职责所在,是实现文献资源馆际、城际以及全国范围内共建共享的最重要的基础。

文献保障体系的建设要关注:一是文献资源的数量,要保证纸质

---

[1]　http://www.wujianzhong.name/? p=2015.

文献资源与电子文献资源的入藏数量保持在一定水平,确保上海图书馆作为地区知识信息集合总库的地位,成为用户信息获取、阅读学习的首要选择;同时发挥好人类重大文化遗产保存的职能,继续加强善本、古籍、家谱等具有珍贵史料价值的历史文献的采集入藏,传承文明,造福后人;二是文献资源的质量。采集入藏的文献资源要能代表行业研究发展的先进水平,要与上海地区建设发展的重点领域的变化相适应,要充分体现学术性、思想性与艺术性,同时也要具备一定的实际利用价值。更重要的是,文献资源要能够最大限度地满足用户不断增长与变化的需求,确立"人本位"而非"书本位"的新时代公共图书馆藏书发展思想。

总之,没有足够庞大数量、学科覆盖面广、质量上佳并且能够切实满足用户需求的文献资源保障体系,一切藏书发展活动都将成为空中楼阁。上海图书馆要确保馆藏文献资源数量稳步增长,文献质量不断提高,为满足公众阅读学习需求、促进城市建设发展步伐提供丰富可靠的资源保障。

二、资金投入

藏书发展政策的运行需要强大的资金保障。从文献资源的选择采购、编目加工再到组织管理并传递给用户,所有程序环节都需要大量的经费投入。特别是进入信息时代后,正在实现向复合型图书馆范式转型的上海图书馆加强了对电子文献资源的建设以及资源共享平台的开发,计算机与网络通信系统的维护、新技术服务体验的提供、馆藏文献资源的数字化转换与利用、合作藏书发展书目检索与物流传递系统的运转等一系列相关的业务工作更需要充足的资金支撑。

上海图书馆作为一所面向社会大众的公益性服务机构,其运转经费基本依赖于政府的财政拨款。由于近几年纸本文献与电子资源的价格与数量涨幅较大,新技术与新系统研发项目数量较多,上海图书馆正面临着各方面经费日趋紧张的严峻形势,对此必须建立并完善好全面的预算管理体系、规范的财务管理与会计核算制度,尤其是要建立起有效的重大项目监管制度,确保财政资金的专款专用。特别是文献采购资金的使用方面,要开源节流,拓宽文献采集入藏的渠道,继续发展好文献的交换、赠送与共享工作,同时从用户需求出发优化馆藏结构,提高采访资金的使用效率,用比较小的经费投入换来较大的馆藏文献资源使用效益。

三、人才资源

上海图书馆需要建立起一支优秀的馆员队伍,以确保出台的藏书发展政策可以得到切实有效的执行。馆员首先要对上海图书馆的藏书发展政策有明晰详细的了解,清楚地掌握上海图书馆的馆藏情况、藏书发展的目标与模式、各项业务的原则规范与操作流程,同时还要对藏书发展政策有足够的认可,能够将政策作为自己开展工作、提供服务的准则与依据;馆员需要具备过硬的专业技能,能够胜任文献采访、文献编目加工、文献资源管理、文献传递服务等工作,并发挥出较好的工作实效;馆员需要有较完善的知识结构与较敏锐的信息感知与获取能力,能够比较迅速地适应外界环境的变化以及图情服务的转型;馆员还要有较强的服务意识与高尚的职业思想道德,牢记一切以用户为本的观念,规范自身行为,展现新时代图书馆员的良好形象。

目前上海图书馆正面临着图情专业人才缺失、人才断层、馆员创新意识与实践不够等现状。对此,上海图书馆需要将馆员的职业培训制度常态化并扩大其覆盖面,发挥好馆内教育培训中心的职能,加强图情专业知识、计算机网络等数字图书馆的开发与应用相关技能等方面的继续教育,提高信息时代下馆员的核心竞争能力,确保馆员能够迅速适应图情服务模式的转型。同时完善激励机制,设立人才培养基金,加大对培养图书馆发展急需的、高层次、国际化人才的投入,继续完善实施"2151"人力资源建设工程,鼓励馆员自主学习,突破自我,在本职工作岗位及与其他图情相关领域作出成绩。总之,上海图书馆要依靠适应能力、创新能力与业务能力兼具的人才资源体系,实现长久稳步的发展。

四、管理机制

体系科学、制度健全的管理机制能够更好地推动上海图书馆藏书发展政策的出台与有效落实。上海图书馆要牢固树立全局观念,进一步强化集中领导统一调控能力,明确领导班子、文献资源建设委员会、各业务中心与职能处室的职责,将其分别归为权力管辖机构、传达统筹机构、审议研究机构、咨询顾问机构、监督检查机构、绩效考核机构以及执行实施机构等几个模块,分工协作,确保人力、物力、经费、空间等各类资源的充分有效利用,藏书发展各项业务运转良好。

还要建立健全各业务中心、各职能处室以及下属各个部门之间信息互通、利益分享的协作管理机制,共同协商参与制定藏书发展政策,合作完善共同的工作方法、服务模式、风险防范体制等。比如采编中心与读者服务中心同为上海图书馆重要的窗口部门和基础业务工作部门,业务体系具有一脉相承性,在实际工作中要加强沟通交流,用坚实的馆藏文献资源保证优质的用户服务工作,反过来也要依靠及时的用户服务反馈来调整馆藏揭示、促进文献资源体系的建设。

五、信息技术

信息技术是上海图书馆各类藏书发展业务项目与日常管理工作顺利展开的重要支撑,上海图书馆藏书发展政策的实施过程中,必须发挥先进技术与网络管理系统的长处,并不断致力于新技术的研究开发与实践应用,确保各项工作的顺利展开。

上海图书馆现有的图书馆自动化管理系统整合扩展了电子资源及数字资源的服务及长期保存体系,建立起了服务全馆的知识管理系统;升级版本的用户服务证卡系统、全面应用于书刊外借的 RFID 等新技术支撑起了数字图书馆时代的上海图书馆对外公众服务模式;依托移动互联网,针对各类移动信息终端的信息服务系统更为上海图书馆开拓了全新的移动服务体系,为打造"上海图书馆移动服务平台"[1]助力;云计算等新技术更是上海地区完善中心图书馆"一城一网一卡一系统"服务网络平台搭建中不可或缺的因素,是中心图书馆在已建的覆盖市、区、乡镇街道的三级网络基础上进一步向社区基层扩展延伸的前提条件。总之,在大力建设数字图书馆的今天,信息技术的开发与应用对于

---

① 《上海图书馆上海科学技术情报研究所 2011—2015 年发展规划》.

上海图书馆存续发展的重要作用不言而喻。

六、政府主导

上海图书馆藏书发展政策的运行需要政府法规形式的主导与协调。因为公共图书馆是一种典型的公共产品,公共图书馆只能由政府提供,政府必须履行公共图书馆投资主体的责任[①]。公共图书馆对于政府的依赖,主要体现在:通过立法,保证获得足够的财政资金拨款,以确保文献资源的购入与各项公众服务的开展;规定呈缴本制度,增加公共图书馆文献的来源渠道;建立文献资源共建共享工程的组织协调机制,促进地区文献信息资源系统的合作发展等。

目前有关上海地区公共图书馆管理运行的最主要的法规是《上海市公共图书馆管理办法》,颁布于 1996 年 11 月 28 日,最近一次修订是在 2010 年 12 月。该管理办法的第二十四条有明确关于经费保证的叙述:"市和区(县)图书馆的经费,分别由市和区(县)财政拨付;公共图书馆的经费应当根据国民经济和公共图书馆事业的发展,逐年有所增加";第十九条则是关于出版物样本的送缴:"除特殊种类或者出版数量较少的出版物外,本市出版社、报社、杂志社等出版单位应当自本单位出版书刊资料之日起 30 日内,将样本送缴市图书馆收藏"。

应该说目前的管理办法对于上海图书馆藏书发展业务的正常运转起到了一定的推动作用。但目前的法律体系尚存不完善之处,比如对于各项图书馆服务项目的经费保障不明确,呈缴本制度没有建立相应的监督机制,关于信息资源共享的协调机制则没有作出专门的规定等等。政府主管部门还需进一步修订完善现行法规,联合图书馆以及社会各界人士认真研讨,使法律内容更适应新的形势,更符合现实,更有效推进公共图书馆事业发展。

---

① 蒋永福. 政府与公共图书馆:关于图书馆制度的一种规范分析[J]. 中国图书馆学报,2006(4).

第十章　上海图书馆藏书结构研究

第一节　图书馆藏书结构构成

图书馆藏书结构是一个由多种因素形成的结构,这多种因素其实就是馆藏体系中不同成分的藏书资源之间的联系或者组合形式。一般藏书结构可由藏书的学科结构、等级结构、时间结构、语种结构和载体类型结构这五个方面构成。

一、藏书的学科结构

学科专业是藏书结构最基本的要素。划分藏书的学科范围,确定一个学科专业齐全、科学合理的学科体系来规范藏书的学科结构,是制定藏书发展政策的关键所在。一个完善的学科结构能够规范馆藏的选择,从而达到馆藏结构优化、文献资源建设体系合理的目的。国内的图书馆在划分学科时,多以《中国图书馆图书分类法》划分的类别为基础。

二、藏书的等级结构

藏书的等级结构是指根据藏书内容的知识水平程度以及读者需求的层次,划分出不同的馆藏收藏级别,并对不同级别所应达到的收藏目标进行规定,从而规划出符合本馆级别的藏书结构。在国内影响较大的等级结构是肖自力先生的五级藏书方案,分别是以完整齐全搜集某专题领域所有知识记录为目标的完整级;以满足独立研究需要为目标的研究级;以满足大学生和个人自学大学课程的需要为目标的大学级;以介绍人们认识不同专业领域为目标的基础级;以及范围之外的最低级[①]。在

----

① 肖自力. 试论藏书结构[J]. 图书情报工作,1981(1):41－46.

网络环境下,数字资源的等级划分又与纸质的不同,美国伯克利数字图书馆就提出了数字资源馆藏的四个等级,永久保存级、服务级、镜像级和链接级①。

三、藏书的时间结构

藏书的时间结构指馆藏按出版时间划分。信息资源的出版和生产时间各不相同,图书馆本身具有传承文化知识的功能,其收藏的资源有旧有新,记录了不同时期的信息。从读者的角度来看,图书馆既要能够满足他们对于获取新颖信息的需求,同时又能提供他们对于历史信息的追溯。可见合理规划藏书的时间结构也是体现藏书体系的重要因素之一。

四、藏书的文种结构

文种结构很容易理解,指的是图书馆馆藏中各种语种的藏书所占比例的情况,一个图书馆馆藏具有的语种越丰富,越能反映出其满足不同读者需求的能力越高。但是由于外文文献很多,经费也较高,要获取全部的外文文献是不可能的,因此确定收藏哪些文种的藏书,某一文种的藏书其收藏的目标都需要合理的规划,从而提高图书馆的服务能力。

五、藏书的类型结构

藏书的类型结构是指图书馆馆藏中不同出版形式、记录手段、载体形式的资源情况。随着信息时代的到来,现代文献类型不断出现,其使用方式与获取方式与传统文献有着很大的区别,直接影响了读者的使用习惯。目前图书馆的馆藏资源的类型主要分为两大类,一类是纸质型文献,包括图书、连续出版物、特种文献等;另一类是电子文献,包括视听文献、数据库等。不同资源类型的收藏比例的确定,将会影响到图书馆能否满足读者的需求。因此类型结构是图书馆藏书结构中极为重要的一个构成因素。

综上所述,藏书的学科结构、等级结构、时间结构、文种结构及类型

---

① 肖希明.信息资源建设[M].武汉:武汉大学出版社,2008:110.

结构构成了一个图书馆藏书结构的五个方面。这五个方面相互交叉，相互联系，构成了馆藏建设的设计纲要，对一个图书馆的藏书发展政策的制定有着重要的指导作用。

第二节　藏书结构构成分析

任何一所图书馆的馆藏都要形成一个与其性质、功能、读者需求相符合的结构体系，上海图书馆作为一所省市级公共图书馆，其藏书内容丰富，读者群体广泛，其藏书结构也较为复杂。根据上文提到的五个藏书结构因素去分析上海图书馆藏书结构的现状，发现这五大结构并非独立存在，而是有所交叉与联系。

一、类型结构

上海图书馆藏书类型多种多样，分为纸质型、视听型以及数字型。纸质型是指通过各种方式将内容记录于纸质载体上的一种形式，上海图书馆的纸质型馆藏主要包括图书、报刊、历史文献、特种文献等。视听型就是指视听资料，主要是以电磁波为信息符号，将声音、文字与图像记录下来的一种形式，上海图书馆收藏的视听型馆藏主要为音像制品。而数字型则是以数字化的形式将各种信息储存在非纸质的介质上，并通过计算机等设备再现出来的一种类型，上海图书馆的数字型馆藏分为光盘版和网络版，统一称为电子资源，其包括电子图书、电子期刊、文摘等全文数据库、专利与标准等特种文献数据库、检索型数据库等。

根据 2008—2012 年藏书入库量统计表（见表 10－1），可以清晰地看出上海图书馆目前的藏书各类型所占的比例结构。

在纸质型藏书中图书、报刊的入库量远远大于其他类型的藏书，图书的入库比例占到整体的 85％ 左右，报刊的入库比例占据了整体的 12％ 以上。这两种类型已经构成了整个藏书的 95％ 以上，可见上海图书馆在纸质型藏书是以收藏图书、报刊为主，收藏特种文献、历史文献为辅的。视听型藏书从近五年的采购比例来看，虽有所增加，却无法成

表10-1　2008—2012年藏书入库量统计表

年份	藏书类型	纸质型				视听型	数字型
		图　书	报　刊	特种文献	历史文献	视听资料	电子资源
2008	入库量	433 078	39 234	8 171	10 277	3 350	131
	所占比例	87.62%	7.94%	1.65%	2.08%	0.68%	0.03%
2009	入库量	417 117	68 077	3 434	1 290	2 751	109
	所占比例	84.65%	13.81%	0.70%	0.26%	0.56%	0.02%
2010	入库量	430 611	79 723	6 277	14	1 046	86
	所占比例	83.17%	15.40%	1.21%	0.00%	0.20%	0.02%
2011	入库量	363 427	64 967	4 303	1 676	2 338	68
	所占比例	83.21%	14.87%	0.99%	0.38%	0.54%	0.02%
2012	入库量	434 087	65 414	7 118	119	1 756	115
	所占比例	85.35%	12.86%	1.40%	0.02%	0.35%	0.02%

为主要的采购类型。除此以外，数字型的电子资源其购买方式与统计方式与其他类型很不相同，主要以购买整合资源的数据库为主，统计方式也主要以购买个数为统计单位，因此从数据上看其所占比例很小。但众所周知的是一个整合的数据库中往往会包含上千、上万种文献，若统一按"种数"作为统计单位的话，结果将会完全不同。假如做一个简单的估算：以 2011 年电子资源采集最低量 68 个为采购量，平均每个数据库中包含的文献约为 300 种（实际远远大于 300 种），则一年的电子资源采集种数就有 20 400 种，在整体的藏书结构中已经超过报刊的采集量。若按照每一个数据库具体所包含的文献种数进行统计的话，其所占的比例更是巨大，甚至超过图书所占的比例。可见，上海图书馆目前藏书的类型结构是以图书、报刊、电子资源为主，特种文献、历史文献、视听资料为辅的藏书结构。

　　不同类型的藏书，其采选的方式方法都不甚相同，上海图书馆以类型结构作为最基础的划分，分别针对不同类型的藏书制定具体的采访方针政策，有利于整个藏书发展政策的合理规划与制定。例如：上海图书馆收藏的历史文献主要指中国 1949 年前刊印和问世的各类图书报刊及碑帖、稿本、名人档案等文献；特种文献主要指专利说明书、科技报告和标准等文献；视听资料则以音像制品为主。这三种类型的采集数量较少，并且收藏的对象十分清晰，因此在制定藏书发展政策中，可以将这三类藏书作为特色馆藏，对其发展制定单独的政策文本，既不影响主体结构（即图书、报刊、电子资源），也不会忽略其重要作用，从而对藏书整体发展提供一定的补充。

二、文种结构

　　上海图书馆作为上海这一国际化大都市的坐标性建筑之一，其同样体现出城市"海纳百川、有容乃大"的特点，其面对以及接纳的人群涉及全国乃至全世界，范围广泛，因此为了满足各地方读者的语言需求，上海图书馆的藏书在文种方面也相当丰富。从其馆舍的藏书分布来看，四层的阅览区域，一至三层皆为中文文献，四楼为外文文献，其中英文文献占较大比例，其他语种相对较少。目前，上海图书馆的文种结构主要以中文为主、英文次之，日文、俄文、德文、法文、韩文、西班牙文作为补充。虽然文种结构能够反映出一个图书馆的容客能力,但是如何控制不同语种的采集比例,使各文种的藏书能够满足不同读者的需求,还是需要结合藏书的类型结构,在不同文献类型的基础上,划分出文种,从而进一步制定相应的采购方针,使整体的藏书结构更为合理。

根据上文提到的上海图书馆目前的藏书类型有:图书、报刊、特种文献、历史文献、视听资料以及电子资源。其中图书、报刊有进一步明确的文种分类,形成了一定的文种结构(见表 10 - 2、表 10 - 3)。图书分为中文图书和外文图书,中文图书 5 年平均占 93%,外文图书占 ⅞7,而外文图书是以英文为主的,日文、俄文、德文、法文 、韩文、西班牙文为辅。报刊分为中文报刊和外文报刊,中文报刊 5 年平均约占 78.8%,外文报刊则占到 21.2%,而外文报刊同样以英文为主,日文、俄文、德文、法文为辅。

表 10 - 2　2008—2012 年中、外文图书入藏比例

年份	图书总入藏量 (册)	中文图书 (册)	所占比例	外文图书 (册)	所占比例
2008	433 078	401 872	93%	31 206	7%
2009	417 117	388 305	93%	28 812	7%
2010	430 611	400 627	93%	29 984	7%
2011	363 427	334 873	92%	28 554	8%
2012	434 087	406 122	94%	27 965	6%

表 10 - 3　2008—2012 年中、外文报刊入藏比例

年份	图书总入藏量 (册)	中文图书 (册)	所占比例	外文图书 (册)	所占比例
2008	39 234	33 231	85%	6 003	15%
2009	68 077	57 001	84%	11 076	16%
2010	79 723	56 581	71%	23 142	29%
2011	64 967	54 407	84%	10 560	16%
2012	65 414	45 893	70%	19 521	30%

从目前的文种结构来看,对于中文与外文的划分有着明显的比例

关系,而对于外文藏书中,英文与其他语种的比例关系,则较为笼统地概括为以英文为主,其他语种作为补充,并没有更为详尽的比例结构。因此,在制定上海图书馆的藏书发展政策时,可以针对不同类型的藏书,再通过文种划分,形成相应的采访方针中,更细化外文文种藏书的采购比例,使得藏书结构在文种结构上的层次更为丰满,从而可以及时了解到外文文献合理的结构层次,以满足读者更多的阅读需求。

三、学科结构

上海图书馆藏书的学科结构,主要是根据藏书的内容,按《中国图书馆分类法》(以下简称《中图法》)划分为 22 个学科大类,目前采用的是《中图法》(第五版)。不同大类藏书所占的不同比重,形成了一个以学科为框架的藏书结构体系。上海图书馆的学科结构是在类型与文种的基础上,再具体建立的。比如中文图书与外文图书的学科结构就有所不同。

根据上海图书馆"中文求全、外文求精"的采选总方针,国内与国外出版的中文文献要求尽量采集齐全,因此所有学科类目文献的收藏级别均为 A 级,不存在学科类目的收藏等级层次区分。从 2012 年中文图书各大类藏书比例(见图 10 - 1)可以很清晰地看出,目前上海图书馆中文图书采集为各大类全覆盖,其中:T 大类(工业技术)排行第一,占17%左右;F 大类(经济)排行第二,占 13%左右;第三为 I 大类(文学),占11%左右。而 V、A、N、E 等大类的藏书比例则明显位于末几位。

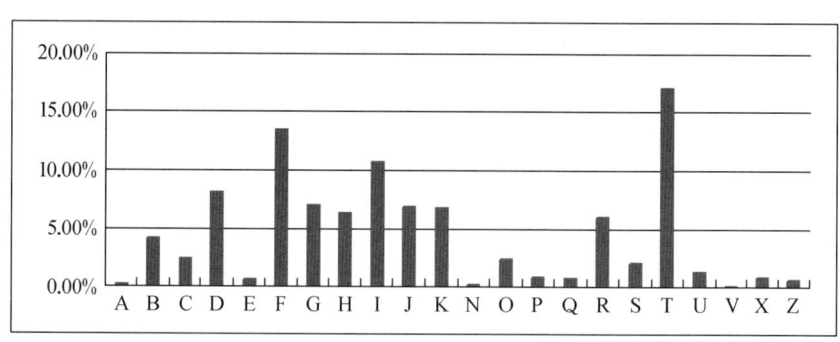

图 10 - 1　2012 年中文图书各大类藏书比例

外文图书由于其价格昂贵,采购经费有限,则无法同中文图书一样进行全面采购,只能进行重点学科重点采集的方法。目前上海图书馆外文图书的重点学科有：政治(D)、经济(F)、数理化(O)、生物医学(P&R)、工业技术(T)、环境科学(X)六个大类。从 2012 年外文图书学科比例(见图 10－2)中可以看到，除这六个重点学科外，其余十六个学科共占据了 33％，平均一个学科只占到 2％，而这六个重点学科中以 T(工业技术)大类所占比例最高。

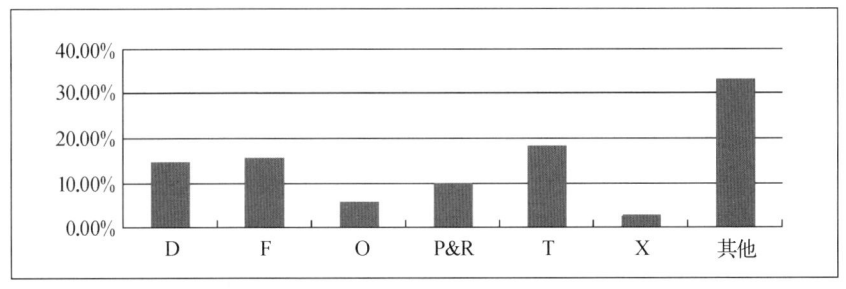

图 10－2　2012 年外文图书学科比例

　　分析藏书的学科结构，能够了解现有各类型、各文种藏书的拥有情况，再结合其他的数据，例如读者对各学科藏书的借阅情况、图书馆的经费分配等，便能在政策制定时，作出准确的决策，对藏书结构进行及时的调整，优化藏书结构，提高藏书文献的质量，弥补薄弱环节，从而使藏书结构越来越趋于合理与完善。

四、等级结构

　　上海图书馆纸质型藏书的等级大致可以分为三级，即完整级、研究级与基础级。完整级就是以完整齐全地搜集某专题领域内所有藏书为目标的等级，如特种文献包括的专利说明书、科技报告和标准文献，就属于某专题领域内的藏书。再比如历史文献要收集的我国 1949 年前刊印和问世的各类图书报刊及碑帖、稿本、名人档案等文献，尤其是家谱的收藏，是上海图书馆完整级藏书的代表，据统计，上海图书馆现共收藏有 2 万余种、20 万余册中国家谱，是国内收藏家谱数量最多，且影响最大的图书馆。研究级是以能够满足读者完成独立研究为目标或者能够帮助读者深入了解与掌握某一专业领域内知识的等级，如目前馆内设置的参考外借与参考阅览中包含的藏书，就是具有一定专业性即能帮助读者完成各项研究，也有助于读者学习掌握某一专业学科的藏书。至于基础级则为满足大众普通阅览、休闲娱乐需求的藏书,如馆内设置的普通外借与普通阅览中的藏书则在此等级范围内。

至于数字资源的等级结构目前上海图书馆还没有作出明确的划分,在藏书发展政策的制定中需要补充,为数字资源的合理规划起到指导作用。

五、时间结构

上海图书馆藏书的时间结构主要分为三个阶段,第一阶段是以出版年时间为近 2 年的藏书用以开架借阅,以满足读者获取最新信息内容的需求。如普通外借室、普通阅览室中的图书与报刊都是近 2 年出版的文献。第二阶段即为第一阶段剔旧下来的藏书,用于保存一段时间,以供读者对近期文献的查询需求(需要再了解一下)。第三阶段则是处于已过时效性的藏书,将被送往别处的保存书库,用于永久保存,也可备读者对于旧藏书进行追溯查询的需求。

上海图书馆在致力于大量收集最新出版文献以满足广大用户对于最新信息资讯的获取需求的同时,也保存有数量比较可观的出版年代较早的文献资料,并且每年通过社会捐赠、国际交换等渠道对这一部分馆藏文献进行补充,这是因为出版年份较早的文献可以满足部分用户的回溯需求,同时各个历史阶段的文献资料整合在一起,展现了某一学科知识领域的研究应用从基础起步到广泛深入的完整概貌,善本、家谱等历史文献更具有珍贵的版本价值,并体现出上海图书馆人类文明遗产保存与知识文化传播传承的社会职能。

第三节　藏书结构特点

一、多维性

上海图书馆藏书结构是一个多维立体的结构,包含了等级结构、学科结构、时间结构、语种结构、文献载体结构等多个子结构,每个子结构中又存在着层次级别,代表不同类型文献的收藏程度。另一方面,各个子结构之间又互相交叉联系,任何一项子结构的调整或重组都必须考虑到对其他子结构可能产生的影响。例如文献类型结构、语种结构与学科结构三种结构穿插融合,可以相互结合形成一个树形的藏书结构模型(见图 10 - 3)。

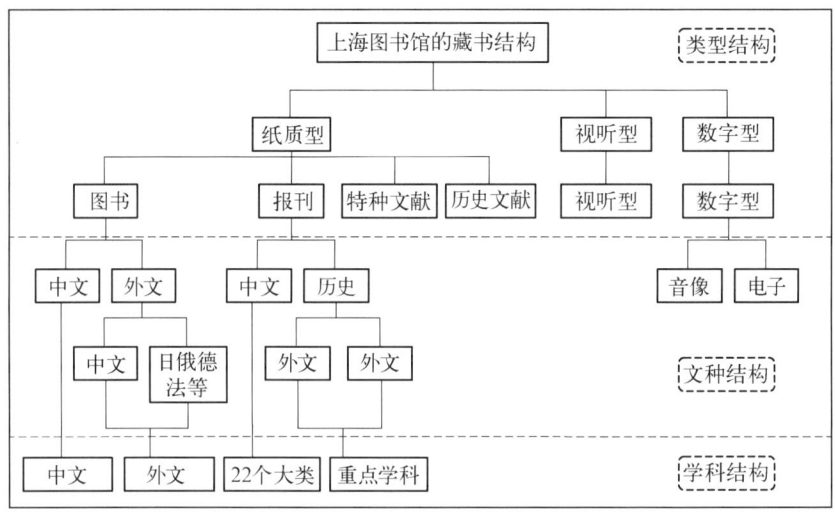

图 10 - 3　上海图书馆藏书结构模型

二、稳定性

上海图书馆藏书结构规定了各类馆藏文献资源的组合形式,与未来阶段上海图书馆藏书发展的目标相适应,同时也是上海图书馆藏书发展模式形成的基础,此外还对实际文献采访工作的开展具有指导作用,因此必须保持其一段时期内的相对稳定性,不能随意更改,避免藏书结构的凌乱无序。

三、动态性

上海图书馆藏书结构在保持相对稳定性的同时还处于一个动态的发展过程中。上海图书馆在馆藏建设进程中会受到来自内部与外部环境的多方面因素的影响,比如用户范围的扩展、文献利用习惯的变化、政府政策的变动、新兴媒介的诞生、上海地区经济建设重点转变等。上海图书馆必须密切跟踪内外部环境的变化,并对藏书结构作出相应的调整改进,以保持其科学合理性,能够发挥馆藏文献资源最大化的社会效益。

藏书结构应与藏书发展政策的修订周期保持一致,定期进行优化完善。

四、完整性

上海图书馆的藏书结构必须具备完整性,具体表现在多个方面:学科覆盖面要广,辐射面要宽,对前沿科技、新兴学科、社会动态等给予充分的关注,保证重点学科文献的入藏率;期刊、年鉴、科技报告等连续出版物的收藏要确保系统性与连续性;要涵盖尽可能多的文献载体形态,纸本图书与报刊、音像资料、数据库、电子书刊等品种齐全,与外部媒介的发展趋势保持一致,为用户提供形式多样的知识信息服务。

五、层次性

受经费等多方面因素制约影响,上海图书馆不可能也没有必到做到所有学科、各种类型文献资源的收藏面面俱到,因此藏书结构必须体现层次性,加大对重点学科专业领域文献、特色馆藏、电子资源的收藏力度,做到主次分明、特点鲜明。同时携手资源共建共享工程成员机构,协调分工,优势互补,形成上海地区比较完整完善的文献资源信息系统。

第四节　藏书结构总体分析

对上海图书馆藏书发展政策研究可从内部因素与外部因素两个方面入手,分析上海图书馆自身存在的优势与不足,以及上海图书馆面临的外部环境中所蕴含的机遇与威胁(见表10-4),致力于发挥自身优势,克服自身弱势,抓住外部机遇,化解潜在威胁,从而制定有效的应对政策。

表 10 - 4　上海图书馆藏书结构分析

内部因素	优势	·馆藏文献资源丰富 ·文献入藏渠道多元 ·地区资源共享占优 ·馆藏特色鲜明 ·采访馆员素质过硬 ·用户群体稳定 ·电子资源建设力度大

续　表

内部因素	弱势	・馆藏文献利用情况与用户需求调研系统缺失 ・剔除文献后续处理途径不够 ・藏书结构现状全面掌握工作欠缺 ・数据统计整合困难
外部因素	机会	・电子资源出现 ・文献资源共享模式建立 ・政府扶持力度加大
	威胁	・电子资源的发展威胁到纸质资源的建设 ・用户结构变化增加了用户调研的难度 ・"藏"与"用"矛盾凸显 ・网络环境成熟导致用户群体流失

一、上海图书馆藏书结构优势

1. 馆藏文献资源丰富

上海图书馆的馆藏文献资源数量庞大,类型丰富,包括各个语种的图书、报刊、视听资料、历史文献、特种文献以及各种电子资源。至2011年底,上海图书馆收藏的新中国成立后出版的文献有[①]:

・中文图书 397 万册,其中基藏本 242 万册、保存本 137 万册;

・中文期刊合订本 38 万余册,20 000 多种;

・中文报纸合订本 15.6 万余册,5 000 余种;

・外文图书达 150 万册以上;

・外文期刊合订本 57 万册,品种达 17 813 种,其中西文期刊 41 万册,日文期刊 8.2 万册,俄文期刊 7.8 万册;

・港台期刊约 1.2 万册;

・外文报纸合订本(包括港台报纸)达 16.5 万册,约 300 种;

・盲文图书 4 000 册,盲文音带 25 000 盒;

视听资料中文唱片 46 311 张,外文唱片 86 429 张,DVD 4 867 盘,VCD 9 073 盘,CD 24 333 盘,录像 2 764 盒,录音 9 397 盒,激光片

---

① 上海图书馆上海科技情报研究所.海纳百川　知识导航:上海图书馆成立 60 周年纪念文集[M].上海:上海科学技术文献出版社,2012:50.

3 756 盘；

线装古籍 160 万余册，包括善本 29 000 余种、170 000 余册；地方志 5 400 余种、90 000 余册；家谱 20 000 种、20 万余册；朱卷 8 000 余种。

随着数字时代的到来，上海图书馆在电子资源方面的馆藏也令人瞩目，包括电子图书、电子期刊、文摘等全文数据库、专利与标准等特种文献数据库、检索型数据库等，目前可使用的电子资源达到 115 个。这些丰富的资源是上海图书馆拥有的宝贵财富，也是藏书结构完善的基础。

2. 文献入藏渠道多元

作为世界十大公共图书馆之一，上海图书馆拥有悠久的历史，并且在全国及全球图情业界内享有良好的声誉，这为上海图书馆带来了丰富多样的文献入藏渠道，为普通的采购入藏提供了有效的补充。如，上海图书馆经常收到来自社会各界的文献捐赠，涵盖了书刊、古籍、善本等多种类型的文献，尤其是古籍手稿等历史文献，是上海图书馆现有特色馆藏体系形成的重要基础。此外，上海图书馆目前与世界几十个国家或地区的图书馆与图情机构建立了国际交换关系，同时又是联合国、世界银行等国际与国内有关机构的资料托存馆，每年都会有大批的文献资料通过交换、捐赠、托存等形式入馆，是上海图书馆现实馆藏的良好补充。

3. 地区资源共享占优

上海图书馆是上海市中心图书馆总馆，同时也是上海地区文献资源共建共享协作网最重要的成员机构，起到的是宏观规划、职责分配、协调组织、统筹管理的作用，清楚文献信息资源的分布情况与各成员机构的收藏特色，因此在上海地区文献信息资源的整合与共同利用方面具备较大优势。

4. 馆藏特色鲜明

经过建馆以来六十余年的发展，上海图书馆已经形成比较鲜明的馆藏文献学科特色、地方特色与文献类型特色，并将其体现在现有的文献采访条例中，为采访人员提供了比较明晰的操作导向，同时也为馆藏文献学科结构的进一步优化打下了良好的基础。如，外文文献的采访方面,在现行的采访条例中明确了"外文求精"的原则,列出了应重点采集入藏的重点学科领域;对历史文献、特种文献、数据库等特色馆藏等,明确要加大收藏力度,并注意入藏的连续性与系统性。

5. 采访馆员素质过硬

上海图书馆拥有一支业务水平较高、专业素养良好的采访人才队伍,保证了上海图书馆文献采访工作有条不紊地展开,也保证了上海图书馆入藏文献的高质量。近年来随着上海对外开放程度的加大,上海图书馆选拔了一批具备扎实外文功底的采访馆员从事外文文献的采访,基本涵盖了英文及日文、法文、德文、俄文、韩文等一些主要的小语种,他们对各国的最新动向、发展重点、支柱产业、高新科技、风土人情等各方面情况比较熟悉,容易采选到质量上乘、用户愿意阅读、对上海城市建设有一定启示意义的外语文献资源。

6. 用户群体稳定

上海图书馆成立 60 周年以来,已成为上海地区传递知识文化、提供资讯信息服务的重要场所之一。其良好的馆舍环境,丰富的资源保有量吸引了大批用户到馆借阅书刊资料,或是通过远程登录获取上海图书馆的馆藏文献信息。2012 年上海图书馆业务统计数据显示,当年累计发放有效读者证 73.764 2 万张,全年进馆借阅资源的人次达99.946 0万人次,其中入阅览室有 61.024 1 万人次,普通外借有28.855 8万人次,参考外借有 9.351 9 万人次,无论是办证人数还是文献流通次数均呈逐年递增态势。由此可知,上海图书馆拥有一批忠实稳定的用户群体,并且该用户群体在未来阶段还将继续扩大,这也意味着上海图书馆能够相对容易地从用户群体中获得比较真实有效、具有一定参考价值的文献利用反馈意见,并据此有的放矢地优化藏书结构,尤其是基于用户需求的用户利用型文献的馆藏结构。

7. 电子资源建设力度大

随着数字时代的到来,越来越多的用户不再满足于传统的纸质文献资料,各类电子资源的需求逐年递增。上海图书馆为顺应时代的变迁,满足用户日趋多元的需求,加大了对电子资源的建设力度,除了购进大量国内外知名数据库 100 余个,包括电子图书、电子期刊等,例如清华同方、维普、CNKI、方正 Apabi,Net Library 等。此外,还开通了 e

卡通平台,方便用户远程登录,足不出户获取知识信息;2012 年为配合上海市民数字阅读计划,更推出了电子阅读终端外借的服务,包括汉王等品牌电子书以及 iPad 平板电脑等多种媒介,广受用户好评。上海图书馆在转型过程中保持敏锐的时代触觉,在电子资源的建设发展方面处于业界领先地位。

二、上海图书馆藏书结构劣势

1. 藏书结构复杂,数据分析困难

上海图书馆拥有相当巨大的资源量,因此其涉及的类型各异,覆盖范围庞大,导致其藏书结构十分复杂,前文虽已经对上海图书馆的藏书结构进行了部分分析,但是由于整体的工作量太大,加上时间的限制以及数据获取上存在难度,因此分析未能深入挖掘,有一些类型尚未具体分析,如电子资源内涵的数据量过于庞大,要完全分析出其藏书结构就难度很大。可见要对一个大型图书馆的藏书结构进行全面完整的分析需要花费大量的时间。但是要制定上海图书馆的藏书发展政策,必须要了解藏书结构的现状,在此基础上进行数据挖掘与分析,从而制定出合理的藏书发展目标与任务,形成藏书发展的政策文件。

从另一方面来说,对于藏书结构的分析并非是一次性的工作,由于藏书发展本身就是一个连续不断的过程,而藏书结构的建设又是直接反映藏书发展的一个具体表象,同样也是连续发展的。因此上海图书馆的藏书结构十分复杂,但是对于其分析是不能停止的,需要定期进行,从分析中及时发现藏书结构中需要调整与改变的地方,使藏书发展政策的制定更具实践性与客观性。

2. 馆藏文献利用情况与用户需求调研系统缺失

上海图书馆馆内没有形成一套完善的馆藏文献资源利用情况以及用户需求的收集、统计、分析与反馈系统,主要表现在:① 馆内成熟的网络系统管理技术没有获得充分应用,获取用户利用反馈意见、调研用户期望等工作有很大一部分还停留在比较原始的填写调查问卷、电话访问或面谈等形式;② 统计文献流通未做到长期化、定期化,往往是需要用到具体数据时再进行流通情况回溯,工作效率较低;③ 各业务中心在联动合作方面做得不够,统计文献流通或调研用户需求仍局限于

中心或部门内部的工作,缺乏顺畅有效的沟通与传递机制,未做到馆藏文献利用情况馆内实时共享。

不能及时深入地掌握馆藏文献的利用效果与用户现有及潜在的需求,优化藏书结构就好比盲人摸象,做不到有的放矢,优化的结果难免与用户真实的需求存在偏差。

3. 剔除文献后续处理途径不够

科学技术的迅速发展,信息技术的突飞猛进使文献资源的生产能力得到极大的提高,导致了文献信息的数量急剧增长,上海图书馆的文献入藏量也随之加速递增,但上海图书馆的书库容量却并未因此扩大,尽管建造了莘庄、龙吴路、航头等多个外围书库,并定期进行剔旧工作,却依然面临着比较严峻的"书满为患"的书库危机。特别是有一部分年代久远、长期不投入流通、已失去使用价值的文献资料,因没有找到合适并且充足的后续处理途径,占据了不少本就有限的藏书空间,也影响了馆藏文献资源时间结构的调整优化。为了保持藏书时间结构中历史性文献资料与最新出版文献的比例配置合理,上海图书馆需要探索更多更有效的剔除文献后续处理途径。

4. 藏书结构现状全面掌握工作欠缺

上海图书馆的藏书结构是一个复杂的多维立体结构,涉及各种形态、各类学科以及各个语种的数量庞大的馆藏文献资源。本章节的第一部分虽已经对上海图书馆的藏书结构进行了部分分析,但仅仅停留在依靠近几年的文献入库数量间接判断整体藏书结构的起步阶段,而对于目前的整体馆藏体系,包括各个载体类型文献的数量、各个语种文献的数量、各个学科类目文献的数量等更为细节的部分情况没有做过比较全面的整理统计。入库数量虽有参考意义,但毕竟不能反映馆藏全貌,现有馆藏体系是优化上海图书馆藏书结构的支撑,不了解现实馆藏结构,就很难做到有的放矢地保留长处、消除弱点,显然只掌握近几年的文献入藏情况是非常不够的。尽管全馆现藏文献的清点统计工作工程浩大,需耗费大量的人力物力及时间,但这项工作的进行是必不可缺的。

另一方面,对于上海图书馆藏书结构的分析并非是一次进行完毕便一劳永逸的工作,由于藏书发展本身就是一个连续不断的过程,藏书结构的建设又是直接反映藏书发展进程的具体表象,同样处于持续发展变化的状态。因此对上海图书馆藏书结构的数据更新与统计分析必须成为一项定期进行、长期深入开展的工作。

5. 数据统计整合困难

上海图书馆在 1996 年引进了当时国际上先进的图书馆集成管理系统 Horizon,该系统为上海图书馆的数据管理整合工作作出了巨大的贡献,其在处理采访、编目、信息发布等各方面都游刃有余。但随着科技的进步,Horizon 系统在后台操作方面的劣势逐渐显现。主要表现在不同类型文献,如中外文图书、中外文报刊的所有书目数据都被存放于同一个数据库中,对于数据的查询路径、检索方式等先期设计又不够全面,给文献采访、编目、流通等数据信息的调取、整合、统计与分析工作带来了不小的影响。并且由于长年累月的数据量堆积,其运行速度大大减慢,还时常发生故障,更是降低了工作效率。

6. 经费有限,合理分配陷入困局

随着社会的经济、文化发展,政府对公共文化事业的支持逐渐增强,对图书馆等公共机构的财政拨款也不断增加,上海图书馆也不例外。但是经费虽然在逐年增长,却增幅缓慢,与此同时,资源的数量也在快速增长,尤其是数字资源的增长速度更是呈指数级不断攀升。除此之外,数字资源集成商对于资源的销售费用也在逐年增长,有些甚至垄断市场,坐地起价,让图书馆在经费使用上陷入困局。

从另一方面来说,上海图书馆在传统纸质资源的收藏已形成一定的规模,对于数字资源的采购也相当慷慨,但是经费始终有限,再加之纸本与数字之间存在着大量的重复,如何确定复本量,控制纸本与数字资源的经费比例是迫在眉睫。

三、上海图书馆藏书结构改善的机会

1. 潜在用户庞大

在现代的信息社会中,科学技术的迅速发展,信息与知识急剧增长,知识更新的周期越来越短,创新的频率也逐渐加快,由此对人们素质的要求也空前的增强,要满足社会的需求,适应时代的脚步,不断学习、获取知识就成为个人、组织以及社会的迫切需要。在这样的一个学习型社会下,人们将学习作为一个持久性和永久性的活动,将终身学习贯彻始终。整个社会都渴求对信息与知识的获取,这是多么庞大的一个用户群体。

虽然当前网络社会对于人们的学习习惯带来了新的改变,通过网络,通过搜索引擎人们就能找到大量的信息与知识。但是同样由于网络中的信息量过于庞大,人们在搜索后,往往得到的是大量冗余的内容,重复、无用甚至是错误的信息,真正有用的知识仍然需要花费大量的时间去寻找。然而在资源的整合与组织方面恰恰是图书馆的强项,如果利用好这一强项,在繁乱的数据垃圾中找到真正有用的信息与知识,就能将那庞大的潜在用户群体吸引到图书馆来,真正实现知识传递的功能。

2. 电子资源出现

多媒体与互联网技术的快速发展诞生了电子文献这一新型的信息资源形式,并迅速成为上海图书馆馆藏发展建设中的重要组成部分。以全文型与检索型数据库、电子图书与电子期刊、网络信息导航等为主体的电子资源具备信息覆盖量大、更新及时、易于存储、检索简便、节约馆藏空间、价格相对低廉等诸多优点,为上海图书馆的文献采集补充、加工组织、用户传递等一系列藏书发展相关业务工作带来了许多新的转机,也大大丰富了上海图书馆的馆藏文献载体形态结构。同时,如何发挥电子文献资源具备的崭新的特点与优势,并且将其与传统的纸质文献资源有机结合为一个整体,是转型时代上海图书馆调整馆藏文献载体形态结构时面临的新的课题。

3. 文献资源共享模式建立

在上海地区,文献资源共建共享模式目前已经基本形成,每个参与共享工程的成员机构都可以通过馆际互借、同城一卡通等比较便捷的方式共享其他成员机构的馆藏资源,并且可以与其他机构一起开展外文期刊、数据库等多种类型文献的联合采购。资源共享是图情业界谋求未来发展必须采取的模式,今后上海图书馆资源共享的合作方将走出长三角区域,进一步向全国、全球扩展,这也就意味着上海图书馆自身的藏书结构将于整个资源共享体系内所有成员机构的藏书结构相融合,上海图书馆现有藏书结构中存在的缺陷可以通过借他人之长的方式获得弥补。

4. 政府扶持力度加大

政府对于文化建设的重视,使得上海图书馆的发展处在一个比较有利的历史条件下。一方面,政策的扶持意味着上海图书馆运作经费可以获得一定保障,从政府处获得的文献采购与公益性服务提供方面的财政资金支持有望力度加大,从而有效缓解目前所面临的文献购置与服务运转经费相对紧张的局面,有利于上海图书馆保障高质量文献的入藏,并且进一步加强特色馆藏体系的建设,优化现有的藏书构成。另一方面,上海图书馆组织协调的中心图书馆与文献资源共建共享协作网两项工程均由上海市政府牵头,政府的参与将对地区内图书馆系统的联合发展以及资源整合与共享起到有效的推动作用。

四、上海图书馆藏书结构存在的威胁

1. 电子资源的发展威胁到纸质资源的建设

上海图书馆今后还将进一步加大对电子资源的建设力度,这一方面是因为外部信息环境的发展趋势的推动作用,另一方面也是为了顺应用户阅读与知识信息获取习惯的变化。但与此同时,馆藏电子资源的建设可能会威胁到传统纸质文献资源的建设,并引起馆藏文献载体形态结构的失衡。图书馆作为公益性服务机构,有限的文献购置资金全部依靠政府的拨款,配置比例向电子文献倾斜,必然会影响到纸本文献的合理入藏。应该认识到,未来一段时期内纸质文献资源依然是上海图书馆馆藏体系中最主要的组成部分,纸本文献资料依然是广大用户获取信息、阅读学习的最主要途径,但如何调节好纸质资源与电子资源之间的平衡点,防止顾此失彼,值得认真研究。

2. 用户结构变化增加了用户调研的难度

掌握用户构成,了解用户需求是上海图书馆优化藏书结构的基础之一,但目前这项工作面临着许多新的挑战,主要表现在:① 上海图书馆的用户群体的范围因网络远程登录的实现而大大扩展,用户群体的定义也从原来亲自到馆借阅文献的读者发展成为利用上海图书馆实体与虚拟两部分馆藏资源的用户;② 电子出版业与互联网的快速发展使得实体图书馆不再是人们检索与获取信息的唯一途径,随之带来的是用户对于图书馆馆藏文献的学术价值、实用价值等要求越来越高,用户需求呈现出多样化与个性化的趋势。用户构成与真实需求将变得难以准确把握,这也使得藏书结构优化的难度越来越大,用户调研的方式必须随之作出改变,并且应长期深入地开展。

3. "藏"与"用"矛盾凸显

上海图书馆藏书结构优化的两个机制——文献保障与用户使用,即"藏"与"用"之间可能会产生矛盾。比较突出地体现在馆藏学科结构方面:上海图书馆在学科结构的安排,尤其是采访求精的外文文献重点学科设置方面,比较偏重于专业领域文献的收集,即馆藏体系本身的建设。基础科学、医学、化工、高新技术、环境保护等一些科技类学科是采访重点,但这些学科一般都有受众面小的特点。而相对的,语言、文学类等程度较浅、普及面较广的文献则采访不多,因而经常会接到读者希望多购入语言文学类文献的反馈意见。对此,上海图书馆可以根据用户要求,适当提高该类文献的收藏数量,但因定位性质、经费有限等因素,不可能也不应大量采购,如何解决"藏"与"用"之间的矛盾,是今后一段时期内不可避免将要应对的课题。

4. 网络环境成熟导致用户群体流失

信息时代的快速发展,催生了全新的信息交流平台和模式,它的产生和应用为人们提供了一个崭新而广阔的途径和渠道。在逐渐趋于成熟的网络环境下,人们能够不受时空限制、自由、免费、快捷地获取大量的信息资源,由此人们对传统图书馆的馆藏文献资源的依赖性开始慢慢弱化,一部分人甚至更倾向于放弃纸本文献,直接阅读电子资源,公共图书馆在文献信息资源的权威地位面临着严重的挑战,生存空间受到了直接的威胁,传统的馆藏运营模式受到了全面的、前所未有的、革命性的冲击。上海图书馆作为一家权威的信息情报机构,也依然面临着用户群体流失的困境。

第五节　藏书结构建议

上海图书馆的藏书结构决定了上海图书馆的藏书发展模式,为上海图书馆馆藏文献资源体系建设提供明确的导向,为上海图书馆藏书发展政策的制定提供基本的依据。上海图书馆要注重对馆藏现状、用户情况以及外界动向的调研工作,始终致力于藏书结构的调整优化,将馆藏文献的保障职能与社会服务效益发挥充分。

一、依靠优势、抓住机遇

1. 整合资源,宏观规划

优化上海图书馆藏书结构时,应将上海图书馆置于地区整体文献资源体系中进行宏观规划,将上海图书馆藏书结构优化的目标与地区文献资源体系的建设目标相结合。同时开展与资源共建共享工程成员机构的合作联动,共享各自现有的藏书结构,对照自身,参照他馆,尽量减少大量重复入藏的部分,形成自身鲜明特色。

比如,在优化上海图书馆日文图书学科结构时,可以参考中心图书馆与文献资源共建共享协作网内其他机构的日文图书收藏情况,并结合上海图书馆自身的实际工作情况与特点,调整采访重点学科。再如,经藏书结构共享后,了解到闵行、普陀等分馆收藏了数量比较可观的日文原版小说,且多为市场比较流行、知名度较高、受读者欢迎的作品,但研究文学本身的著作数量不多,由此上海图书馆的 I 大类日文图书可以主要采购文学研究类的专著,另外将重点放在经济、法律、工业技术等专业性更强的学科领域。

2. 推进历史文献数字化工程建设

借助上海图书馆成熟的高新技术应用体系,推进古籍、善本、家谱、名人手稿、民国资料、报纸档案等馆藏特色历史文献资源数字化工程建设,将已经形成特色馆藏的信息进行收集、处理、存储并按照一定的标准和规范将其数字化,并对已购买的电子资源中需找相关的信息内容,整合到统一的检索平台,形成具有鲜明特色的馆藏历史文献数据库;另一方面,继续探索全文数字化、数字扫描以外的更新更多样的历史文献数字化转换方式,以更易存储、存续时间更长、不易损坏的形式保存珍贵的人类文化遗产,形成独具上海图书馆特色的历史文献资源体系结构。

3. 依托政府政策扶持与协调牵头

充分利用外部有利于图书馆发展建设的大环境,依托上级管理单位的政策扶持与协调牵头,不断开拓国际交换、社会捐赠、征集、国际机构资料托管、地方出版社呈缴等多样化的文献入藏途径,从多渠道为常规化的文献采购工作中无法涉及的部分进行补充,丰富上海图书馆的藏书构成。同时依托政府的公信力,完善相应的管理机制,形成具有约束力的法规政策,保证该类文献补充入藏工作开展有序稳定,补充入藏的文献切合上海图书馆的性质定位、具有相当的学术价值与信息含量。

二、利用优势、消除威胁

1. 建立学科馆员制度

上海图书馆要对现有采访条例规定的重点采访学科进行进一步细化,发挥上海图书馆馆藏纸质文献资源的学科特色与优势,提高重点学科领域的文献资源保障率,形成与新型电子文献资源建设共同推进的藏书发展模式。

上海图书馆应探索建立学科馆员制度,即各采访馆员根据自身的专业知识背景、擅长与熟悉的知识领域,合理分配,分工合作,各自负责一个或多个重点学科文献的采访工作。学科馆员需要做到:一是了解负责的学科领域的研究历史与发展趋势,跟踪该领域的最新动向,并根据掌握的资讯选择采购学术含量与实用价值兼具的优秀专著,同时通过各种渠道培养自己对所负责领域文献资源的鉴别、评估与筛选能力,确保重点学科文献专著的入藏质量;二是定期访问负责领域的主要利用用户与专家学者,听取他们对重点学科结构以及入藏文献质量的意见,了解他们在阅读、学习、科研等方面的需求,同时通过交流获取更多相关专业的知识与动态资讯,为进一步完善重点学科构成、提供文献质量助力。

此外,上海图书馆还要充分发挥馆内外语人才聚集的优势,在外文出版物的收集方面,跟踪欧美、日韩俄等一些世界主要国家的建设发展动向,突出其中与上海发展密切相关的领域学科文献的收藏,建立起与上海国际大都市形象相吻合的外文文献资源体系。

2. 共享资源避免"藏""用"矛盾

加强上海地区文献资源共享体系建设,借由地区内的资源整合与共享来缓解上海图书馆"藏"与"用"之间的矛盾。尤其是要提高用户对现有资源共享体系的知晓度,通过网站介绍、宣传册分发、社区讲座等多种形式深入开展资源共享途径与利用方法在市民群体中的普及宣传工作,包括解释上海市中心图书馆一卡通的使用范围、联合书目的检索路径、实现通借通还机构的范围、馆际互借的操作方式与注意事项等,引导用户科学合理地通过共享资源来满足需求。

3. 有机整合纸质文献资源与电子文献资源

上海图书馆应平衡好馆藏文献载体类型结构,将纸质文献资源与电子文献资源有机结合成为一个整体进行建设,而不是硬性地将两者割裂分别发展。应集合采访馆员队伍与用户服务人员队伍的力量,解决载体形态结构中纸质资源与电子资源的分配问题,具体步骤是:① 深入调研现有的馆藏纸质与电子两种版本资源的流通情况,包括书刊资料的借阅次数、数据库的下载与点击次数,了解用户对不同形态文献的具体利用感想,考察用户知识信息检索与获取的习惯、能力与偏好等;② 综合考量两种文献自身的性质与特点,比如纸质的书刊资料受众面广,对新型媒介掌握与操作技能要求低,数据库、电子书与电子期刊涵盖内容广泛,更新速度快且不占空间等;③ 结合以上两个因素,最终确定哪些类型的文献可以主要以电子资源的形态来采集,哪些则依然以印刷型纸质资源为主,哪些则应当两者并重满足不同文化层次用户的需要,要注意尽量降低两种版本文献的重复入藏程度,明确上海图书馆目前的整体馆藏结构中依然是以纸质文献资源为主。

4. 利用电子资源整合优势吸引用户回归

当前网络环境的成熟致使人们的学习阅读习惯发生了改变,越来越多的用户依赖强大的网络搜索引擎而不是查阅图书馆的纸质资料获取知识信息,这是上海图书馆面临的来自外部的挑战,但从另一个角度来看未尝不是上海图书馆迈入新的发展阶段的契机。由于网络中的信息过于庞大繁杂,人们经过搜索往往会得到大量冗余、重复、无用甚至是错误的信息,真正有用的知识仍旧需要花费大量的时间去寻找,但上海图书馆恰恰在电子资源的信息捕捉、甄别筛选、整合组织等方面具有优势。上海图书馆应充分利用好自身的这一强项,用丰富便捷的全新数字化信息获取手段吸引更多的用户回归图书馆,发挥好公共图书馆知识传递的功能。

上海图书馆应根据电子资源在整个图情业界的发展态势,继续加大对电子资源的采集收藏力度,根据上海图书馆未来一段时期的发展规划要求,电子资源采购经费要逐步提高并占到总采购经费的 20%,同时根据用户阅读习惯与喜好的变化,研发更多新型电子资源承载媒介,提供用户多样化的选择;要在文献载体形态结构中突出电子资源的地位,形成上海图书馆作为复合型图书馆新的文献类型特色;要注意对入藏电子资源质量的把关,在繁乱的数据垃圾中找到用户真正需要的信息知识,并进行有效的整合组织方便用户检索利用;要从原有的采访馆员队伍中另行培养一批专业素质过硬并且具备较好计算机与互联网技术操作能力的电子资源采购人员队伍,并进一步提高其信息甄别、评估、与供应商接洽谈判的能力,为上海图书馆补充质量较高、使用简便、贴近用户需求的电子文献资源。

三、利用机遇、改进弱点

1. 共享区域用户信息与文献流通信息

在虚拟馆藏资源发展逐步成为图书馆行业主流的时代,上海市中心图书馆与文献资源共建共享协作网成员机构的范围更广、数量更庞大的用户也被纳入了上海图书馆的用户群体,也给文献利用情况、用户构成以及需求的调研分析工作增添了不少难度。对此,上海图书馆应将地区内文献资源共享的概念延伸为区域内用户信息与文献流通信息共享的概念,联合资源共建共享工程成员机构,搭建起相关数据的上载与下载平台;要求每一家成员机构都将本机构的用户范围、人数、年龄与文化程度等结构的信息、本机构馆藏文献的流通数据、对用户需求与利用反馈的调研结构等发布在该共享平台上,每家机构都可对照其他机构的情况,调整各自的藏书结构,并将主要精力放在满足本机构主要服务对象的需求上。

2. 探索剔除文献新的后续处理新途径

要缓解上海图书馆目前面临的"书库危机",最重要的就是做好文献的剔除工作。除了将剔除工作的开展形成制度化、标准化模式,还可以充分利用上海地区已基本形成的文献资源共享模式,克服上海图书馆馆内一部分应及时剔除的文献因缺乏后续处理途径占用馆藏空间、影响结构优化的弱点。某些出版年代比较久远的文献可能对上海图书馆本馆而言已失去流通价值,但对某些成员机构而言未必如此。比如某些主题图书馆需要收集齐全某专业领域的所有文献资料,包括具有版本价值的历史资料;部分高校在建设重点学科时也往往需要配备齐反映某学科领域初期研究成果的文献资料,以展现该领域完整的研究发展轨迹。上海图书馆可以依托上级管理部门的协调组织,与这些主题图书馆和各高校进行沟通协商,以有偿或无偿的方式将本馆剔除的文献调拨给对方,补充他馆馆藏的同时优化了本馆藏书的时间结构,也节省了馆藏空间。

四、克服自身弱点、应对潜在威胁

1. 重视数字资源的发展

电子资源和网络信息的发展极大地丰富了上海图书馆的资源内容,同时也使其藏书的结构发生了重大的改变。目前上海图书馆在传统纸质资源的各项统计与分析都已形成规模,而在数字资源上的深入分析总是心有余而力不足。目前上海图书馆虽然有制定电子文献的采访、验收规则,规范了工作的流程与标准。但是对于数字资源而言,并非采购进来后,给读者一个使用链接就可以了,这样只停留在购买了数据库的水平。2009年上海图书馆开展了电子资源评估的工作,对馆藏电子资源进行了客观的评估,并在此基础上提供了续订的相关建议。这样的评估工作应当成为一个持续不断的工作,并形成规范写入藏书发展的政策中。

与此同时,对于电子资源的各项分析与统计应不断深入挖掘,如数据内容的质量、相同类型电子资源的内容重复率、电子资源的内容数据与纸本资源的重复程度、电子资源的内容如何揭示等的分析都能使图书馆自身了解电子资源的结构情况,同时也能为读者提供相应的服务与推荐。

因此在藏书发展政策中需要更多的体现电子资源发展的相关政策,从而推动上海图书馆在数字阅读方面的服务不断提升,以满足当下社会的需求。

2. 建设统一平台的书目数据库

上海图书馆的书目数据库主要为纸本的书目数据,而对于电子资源书目信息并没有形成。目前上海图书馆采编中心正在对纸本外文图书与外文报刊的书目数据中添加相应的电子资源链接,这大大方便了读者在查询纸本信息时调用电子信息的机会,从而使电子资源的使用率得到不断的提高。如果说由于目前上海图书馆系统、技术开发等限制,无法将纸本与电子资源构建在同一个平台内的话,那在纸质文献中加入相应电子文献链接的做法就不失为一个很好的办法。

3. 建立文献利用情况与用户信息收集系统

依托先进的科学技术与系统管理网络,在上海图书馆内部建立起完善的文献利用情况与用户信息收集系统,避免因用户范围扩大、构成复杂、需求多样等因素导致的藏书结构优化难度加大。

该系统的构建应针对上海图书馆目前在该项工作中存在的不足,从三个方面入手:① 设计一个智能化自动化的文献流通数据与利用文献的用户信息收集统计程序,并配备专门的技术操作人员定期采集数据并进行归纳汇总与传递,对于一些原本不易统计的数据,如开架阅览室内文献资料的被阅览次数,开发新的数据收集模式,如粘贴感应标签等,将数据收集工作尽量做得准确细致;② 完善用户需求调研与分析机制,可在上海图书馆网站上搭建用户反馈收集平台,并且安置在清晰可见的位置;将馆内现有的并且在实际操作过程中被证实取得一定良好效果的用户交流活动——如"你荐我购"等,深入化、长期化、广泛化地开展;③ 在馆内设立文献利用与用户信息收集工作小组,读者服务中心、系统网络中心、采编中心、业务处等相关业务中心与职能处室都要参与该小组并承担不同的职责,系统网络中心负责各种信息收集系统的研发、应用与维护,读者服务中心负责信息收集系统的直接操作以及各类面向用户的调研交流活动的开展,采编中心与业务处等则负责接收信息反馈并直接以此为参考着手优化藏书结构。各业务中心与职能处室通过参与小组工作加强沟通,数据收集与分析的成果可实现馆内的及时传递。

第十一章　上海图书馆文献剔除分析

第一节　文献剔除条例分析

一、明确等级划分

上海图书馆现行的文献剔除条例是根据文献在馆藏资源体系中发挥的终端效用确定具体的文献剔除等级与剔除标准,初步体现了"由最终需求拉动执行"以及"单件流动"式管理的思想。外文文献、特种文献、历史文献等属于保障型文献,是上海图书馆的特色与优势馆藏,并且能够为上海地区的建设发展提供信息资源保障,因此划入低剔除等级,只将物理形态上是否适宜继续收藏作为判断准则,即除非外观已严重破损并且无法修复,原则上不作剔除;中文书刊属于用户利用型文献,国内中文出版物基本全面收藏,数量可观,占用了整个图书馆书库的最主要空间,因此属于高剔除等级,需定期进行剔除工作以释放馆藏空间。另外,根据文献的实际具体情况,针对图书、期刊、参考工具书、视听资料等不同的中文书刊载体设立了不同的剔除标准。

二、整合剔除标准

目前的剔除规定将多种比较常见且在实践应用中已被证实有效的剔除标准判断方法有机结合,要求在剔除某品种文献时,必须综合文献的实际流通情况、用户的现实与潜在需求、文献本身的史料价值与实用价值、与上海图书馆性质定位任务与收藏特色的符合程度等、在整体馆藏结构中的完整度与连续性多个因素,应该说考虑全面,比较科学合理。

三、斟酌条例细节

现行剔除标准在一些细节把握方面尚有改进之处。如《上海图书馆文献剔除工作暂行规定》第二章第十条"图书剔除原则":"中文图书阅览室 5 年前的科技过时图书、5~8 年前的社科图书,可下架进剔除书库,经补缺馆藏、数据处理后作剔除处理",主要采用了书龄法,即根据图书上架时间确定其进入剔除操作流程的年限。这一规定虽考虑到了科技与社科学科知识老化程度不一,剔除年限的长短应体现出一定差异,但仍显得有些"一刀切"。举个例子,同属科技类目,计算机学科时效性极强,新兴研究与应用技术产生速度极快,文献的淘汰频率很高,可能不到 5 年文献就已经失去了利用价值;而数学作为一门基础科学,其研究应用是以知识的增补而不是推翻替代为主,因此生命力较强,10 年前的文献依然具备利用价值,因此两类图书都以 5 年为划分界限显然是不够妥当的。

四、增强可操作性

目前规定中有一些剔除标准的可操作性不强。例如"长期无人问津的期刊从宽,偶尔有人利用的期刊从严"(《上海图书馆文献剔除工作暂行规定》第二章第十一条第三点)、"使用价值逐步衰减,所含有用知识少的期刊应剔除"(《上海图书馆文献剔除工作暂行规定》第三章第十五条第一点)、"与上海图书馆性质、任务不符,且不再适应读者需要的图书应予剔除"(《上海图书馆文献剔除工作暂行规定》第二章第十条第一点)等,表述比较模糊,参考作用还需加强。如果从事剔除工作的馆员自身学科知识结构不够完善,对用户的利用情况与实际需求把握不准,甚至不熟悉上海图书馆的性质、任务的话,就极有可能将自己的主观臆断带入选择判断,影响剔除工作的科学进行,进而影响整体的馆藏构成质量。

第二节　剔除文献后续处理分析

一、文献剔除后续处理条例现状分析

将文献从馆藏体系中剔除并将相应的书目数据从数据系统中注销,但这并不意味着文献剔除工作就此结束,图书馆必须为这一大批被剔除的文献找到比较合适的后续处理途径。上海图书馆历来重视此项工作,并在目前的文献剔除工作条例第四章第十八条中进行了相关叙述,依据剔除文献物理形态上是否已经无法再使用分为以下两种情况:

① 物理形态上无法继续使用的、无保存价值或破损的书刊,按废纸处理,并对剔除的书刊在清单上注明去向;

② 物理形态上仍可继续使用的,通过国际(馆际)互换、转赠、调拨他馆等方式处理,或移送至汽车图书馆、流动图书馆服务点等继续使用。转赠或调拨的书刊应重点支持西部城市和农村等欠发达地区图书馆,上海市部分文明共建单位、企业、学校等可酌情考虑。

上海图书馆的这种处理方式,是考虑到不适宜本馆继续收藏的文献可能对其他机构而言仍具利用价值,因此用转赠、交换、调拨等方式为其他机构收藏流通,可对剔除文献的价值进行二次开发,使之为更广范围的用户所利用,不造成资源浪费,可以说比较科学合理。

二、文献剔除后续处理条例的不足

1. 未形成长效管理机制

上海图书馆剔除文献的交换、调拨、转赠等后续处理工作未形成长效管理机制,文献接收机构的种类比较单一,数量总体有限,并且文献接收机构基本处于被动接收的状态,主动索赠、要求交换的积极性不高,上海图书馆由此常会遭遇部分剔除文献一时找不到合适的处理途径以致依然堆积本馆的尴尬;同时,上海图书馆与接收机构之间尚未建立起比较完善的沟通机制,对于剔除文献在接收机构之间的后续入藏、管理与流通等情况缺乏定期跟踪与反馈意见的听取。

2. 剔除文献二次价值开发不完全

目前上海图书馆对剔除文献的交换、转赠或调拨通常都是整批移交给接收单位,接收单位没有从中挑选的权力。但这一整批文献中很有可能同样存在不适合接收机构入藏的部分,入藏后也不能产生用户利用或丰富馆藏的效用,由此剔除文献的价值无法得到充分的二次开发,反而造成了文献运送、清点、上架等人力、物力、财力与时间的二次浪费。

第三节　文献剔除建议

一、联合多方力量，完善剔除标准细节

上海图书馆藏书剔除工作小组应继续秉持根据文献的不同特征具体情况具体分析的原则，对现行的文献剔除标准进行完善，对一些有待商榷的细节进行再次斟酌。在改进某类文献剔除标准的过程中，要充分联合多方力量，邀请涉及该类文献的采集、组织、流通等各项业务流程的负责人员与操作人员、馆内外图情及相关学科领域专家学者共同参与，力求剔除标准科学合理。如改进以书龄法确定图书进入剔除操作流程年限的规定，应请各学科图书的采访人员与学科专家共同研究具体某类学科文献的知识老化速度，结合阅览室与流通室管理人员提供的具体读者借阅次数，确定最终某类学科图书的下架剔除年限。

二、量化剔除标准，增加必要说明

上海图书馆藏书剔除政策应尽可能地对各项剔除指标进行量化，多用一目了然的数字，少用模棱两可的文字表达，尽量减少剔除工作人员的主观臆断成分，将因剔除标准把握不明造成的剔除失误风险降到最低。如，"长期无人问津的期刊从宽，偶尔有人利用的期刊从严"可以改成"基藏书库中滞架时限超过×年的期刊从宽剔除，最近×年曾有借阅记录的期刊从严剔除"。

对于一些本身属于定性范畴量化难度较高的剔除标准，要尽可能配备简洁明了的文字说明，如"与上海图书馆性质、任务不符，且不再适应读者需要的图书应予剔除"，可以改成"不符合上海图书馆性质、任务的现当代中小学教科书、普通儿童读物等应予剔除"。

三、加强调研沟通，拓宽剔除文献处理渠道

上海图书馆应扩大剔除文献接收单位的范围，不局限于图书馆或学校、企业附属的图情机构，参与到全国与上海地区的文化信息资源共享工程的博物馆、档案馆、美术馆等各类社会文化机构都可以成为合适

的上海图书馆剔除文献的接收单位。上海图书馆应广泛调研这些社会文化机构的信息并加强沟通协商,力争使馆内剔除的文献能在更广的社会领域获得二次利用。

四、赋予接收单位文献选择权,确保物尽其用

上海图书馆应赋予接收单位对剔除文献的自主选择权,接收单位可以根据本机构的属性、任务、服务对象的特征、收藏能力等实际情况从一整批剔除文献中挑选出最适合入藏的部分,确保这部分文献能够再次发挥社会效用。同时,这一做法能让文献接收单位从过去的被动接收文献变为主动地挑选文献,有助于提高对方参与的积极性,促进剔除文献流转工作的良性发展。

第十二章 信息时代上海图书馆
藏书发展政策分析

第一节 信息时代对上海图书馆藏书
发展政策的影响

随着网络技术和信息技术的飞速发展,网络环境越来越紧密地将信息用户、信息资源、信息服务系统联系起来,更使图书馆的五大要素——图书、读者、馆员、设备和服务的内涵不断转变和深化,信息时代环境对图书馆馆藏结构、管理方式、经费分配、合作藏书等方面都产生了重大而深远的影响。上海图书馆未来5年规划已将馆藏模式逐步从纸质文献为主的传统模式向纸质文献与数字资源并重的复合型图书馆模式的转型提上议程,未来图书馆馆藏资源高度信息化为图书馆馆藏政策的制定带来了机遇和挑战。

一、信息时代对图书馆馆藏结构的影响

藏书结构是一所图书馆根据自己的性质、任务和服务对象的特点,将不同学科专业,不同文种、不同用途、不同出版范围、不同水平等级的书刊,按照不同的收藏要求,经过系统的收集、整理、储存起来,并不断加以补充完善,使逐步系统化、整体化从而构成一个有主有辅、有专有博、互相交叉、互相渗透,具有内在联系的、动态的多维的立体网状结构。合理的馆藏资源结构是一所图书馆在信息社会中充当优质信息传播媒介的坚实基础。网络的迅速普及不仅使信息资源的定义发生重大变化,更对图书馆馆藏结构产生了极大的影响。传统意义上的图书馆信息资源是经过图书馆收集、分类并藏有的文献。收藏对象以纸质印刷型的图书、报刊为主,各个图书馆根据自己的馆藏特色及服务对象建

设馆藏,并以传统意义的文献数量与资源覆盖率衡量图书馆馆藏水平。而网络环境下的图书馆馆藏资源定义已发生变化,馆藏文献资源和网络资源是其两大主要部分,既包括本馆"现实馆藏",又包括网上"虚拟馆藏"。现实馆藏是指本馆可以利用的为用户服务的所有馆藏,包括传统档案资源、馆藏档案目录数据库和电子档案;虚拟馆藏是指经过图书馆的采集、整理,可通过网络获取、①并可利用、共享的网络电子信息资源,馆藏资源类型除常规的电子书、报、刊、二次文献数据库、检索系统外近年还扩展到多媒体资源。

现实中,图书馆馆藏尚不能完全实现数字化,数字化的网络信息资源也不能完全代替纸质文献,也就是说,传统文献资源建设和网络信息资源的并存将是长期的。因此,图书馆馆藏结构建设的重点将是传统档案资源和各类数字数据库建设进行合理配比,使两者相辅相成、各展所长。

二、信息时代对图书选择与采访政策的影响

传统的图书文献主要是以纸张为载体,随着计算机和网络的发展,出现了缩微型、声像型、机读型、光盘型等新型的文献类型。网络资源的发展,虚拟馆藏的出现,在丰富馆藏资源基础的同时,也对上海图书馆的图书选择和采访政策产生了影响。一方面,随着电子商务的发展,文献采购除了现采的购买方式,还可以通过电子清单、网上购书等方式购入书籍,从而缩短文献采购与流通的时间,提高了采访工作的效率。但另一方面,信息环境下文献资源的种类和数量的增多、针对新的数据类型的采访政策的不完善等情况,无形中又加大了采访工作的难度。传统文献的资源获取方式主要是通过购买、交换、捐赠等途径,上海图书馆拥有的是文献的借阅权,而网络资源的获取方式则和传统文献不同,主要是购入、租用、交换、联机使用权等方式,信息时代下图书馆获得的信息资源往往并不是信息资源的本身,而是信息资源的使用权。所以对于网络资源的采访政策,既要包含像传统文献那样的购入方式,还要包含联机使用权等新模式。

---

① 《高等学校图书馆数字资源计量指南》(2007 年).

三、信息时代对经费分配政策的影响

购置经费如何合理分配一直是图书馆发展过程中的一个重大问题,而信息环境的发展,在无形中为购置经费分配政策如何合理制定提供了一种新的可能性。首先,网络化的发展使图书馆之间能便捷地共享资源,从而节省一部分购书经费。另一方面,"与印刷型出版物价格不断攀升相比,电子出版物的价格却在以每 4 年 50% 的速度下降。如美国微软多媒体百科全书的光盘,其内容包含了 2.6 万个论题、7 000 张照片和插图、800 张地图、250 张图表和表格、8 小时录音,在美国售价不到 100 美元,而印刷版的百科全书通常价格为上千美元[①]",为此,新型的电子资源等产物为图书馆经费的使用提供了一种新的可能性,为图书经费配置的效益最大化提供了条件,图书馆可以将有限的资金用在更合理的资源分布上,如何合理地分配实体馆藏和虚拟馆藏之间的比例,是信息时代下上海图书馆经费分配政策的重点。与实体馆藏相比,虚拟馆藏有其优势所在,主要是数量大、流通速度快、易存取、易复制等,但同时也有信息筛选、分析成本高和稳定性不高等缺点,所以,在经费分配上,除要重视虚拟馆藏,发挥好虚拟馆藏最大的优势,还必须要有专门的定期维护、研发、管理费用,但也不能过于重视虚拟馆藏,而是可以将虚拟馆藏先作为实体馆藏的一个较好的补充馆藏,将一些利用率不高的书籍、期刊或纸版价格过于昂贵的书籍,考虑用虚拟馆藏来补充收藏。

四、信息时代对藏书管理政策的影响

网络环境的形成,使图书馆的优劣衡量标准也从单纯考虑藏书数量转为综合考虑信息的可获得和可传递性。对于读者来说,文献本身所在的位置或形式已经不是最重要的了,而能够方便快捷地查询到并获取到自己想要的信息,才是第一重要的。所以,信息时代下的藏书管理政策,是包含着收藏、保管、提供、流通各种资源的一个多功能体系。上海图书馆传统的藏书管理政策,主要是针对实体馆藏文献进行的一

---

① 张向华.信息环境的变化对图书馆藏书建设的影响[J].全国新书目,2007(3).

系列包括文献的编目、加工、传递、保存与剔除等工作的操作规范,而随着虚拟馆藏等的出现,使得藏书结构发生了改变,藏书管理政策的面对对象已经包含了更多的内容,藏书管理政策也应分门别类地制定有针对性的管理政策。

五、信息时代对合作藏书发展政策的影响

信息化环境下,面对越来越加速增长的文献信息量,单个的图书馆想要自给自足的来满足读者多元化的信息需求是不可能的,合作藏书和资源共享是图书馆发展的必然趋势。随着科技共享技术的不断发展,上海图书馆在这方面,不仅开展了以上海图书馆为核心,覆盖全市中心图书馆的"一城一网一卡一系统"的服务网络,还开展了联合采购协调和联合编目、馆际互借、数字资源共享等多项合作藏书和资源共享措施,大力推动了合作藏书和信息共享的进程。然而随着合作藏书发展与资源共享建设的不断发展,成员馆及资源数据的量的增加以及类型的复杂化,也对相应的配套政策规范提出了更高的要求,一整套完善而系统的政策,是信息环境下合作藏书和信息共享可持续健康发展的有效保障。

六、信息时代对藏书保护和剔除政策的影响

信息环境下文献数量的增长速度正在逐年增加,大量的文献和有限的馆藏空间之间的矛盾,对图书馆的藏书保护和剔除政策提出了很大的挑战。合理有效且迅速地将已有的文献进行分类,来进行保护或剔除等操作,可以不断优化馆藏结构,提高馆藏质量,对图书馆的可持续发展是必不可少的。目前,上海图书馆已公开有文献剔除工作暂行规定里,针对藏书剔除的原则和标准、范围和剔除程序作出了相应的规定,包括中文书刊报,外文书刊报的剔除原则和范围,但针对新型的光盘、数据库等电子资源和虚拟馆藏还没有归纳入该政策之中。信息环境下,对书刊报等实体馆藏的剔除标准和范围等,基本上并不适用于电子资源和虚拟馆藏,尤其是数据库,并不是单一的一个文献,而是一个文献的集合体,所以应该有针对性地来制定政策模块,已更好地来开展续购、保护、更新或剔除等操作。

第二节　信息时代上海图书馆
藏书发展政策建议

一、调整采访政策,优化藏书结构

随着网络时代的发展,大多数图书馆正在改变传统单一的馆藏模式,而引入新的网络资源等虚拟馆藏建设并存的新模式。如何分配好传统的纸质资源与新型的数字资源之间的比例,将上海图书馆馆藏的功能发挥到最大化,是当前信息环境下面临的重大问题,为此,必须合理地调整好采访政策,明确哪些是本馆需要收藏的,哪些可以通过网络资源获取的,哪些是可以通过馆际互借获取的等,具体调整可以采用以下做法:一是适当转移文献资源建设工作的重点,从单纯的购书、藏书,转移到数字信息资源的开发利用上来;二是严格控制馆藏重复率,包括对同一类型资源内容的重复以及"现实馆藏"与"虚拟馆藏"间内容的重复进行统计;三是逐步加大电子出版物等数字资源的比重,充分发挥电子文献的优势,完善馆藏体系,实现馆藏资源和网络资源的最佳配置,使电子文献与传统纸质文献有机结合,同时兼顾原有馆藏文献的连续性、完整性和系统性,使实体和虚拟这两部分馆藏更趋合理,优势互补;四是针对不同类型的数字文献资源,订立相关完善的采访政策,并定期根据新的环境变化来实时更新;五是利用资源共享等途径,将统计中利用率不高的文献通过馆际互借等途径获取入馆,其余利用率不高的文献可用馆际互借或电子文献信息源获取;六是注重新环境下学科结构的变化,对需求量日益增加的重点学科加大采访力度。

二、制定合理的经费分配原则

信息环境下文献类型的增多和管理难度的加大,使得合理的经费分配原则的制定尤为重要。在制定时,要统筹规划,要安排好各类文献经费的投入比例,要保证馆藏质量,要确保特色文献,还要协调好数字资源建设与传统文献的管理,合理分配采集比例,避免重复和浪费,要在加大数字资源的投入建设的同时,对电子出版物和网上信息资源安排好专项经费进行购置和维护。

三、加强馆藏资源的特色化建设

特色化的馆藏资源是构成网络信息资源的基础。在网络环境中，各图书馆拥有重复的信息资源是没有任何意义的。只有图书馆网上的文献资源具有各自的特色，互不雷同，才有被其他馆利用和网上共享的价值①。这说明在网络环境下，要最大限度地合理利用好藏书建设，就应该各图书馆根据自身的实际情况，确定基本藏书、重点藏书、特色藏书，做好相应的有针对性的收藏。各馆之间再通过协调分工，避免藏书不必要的重复浪费，节约人力和经费，优化馆藏文献资源。上海图书馆要继续加强特色馆藏建设，包括与城市地区建设发展密切相关的学科文献、上海地方文献、重要的特种文献以及珍贵的古籍善本、家谱、名人手稿等历史文献等特色馆藏，要有针对性地去采选收藏和管理，形成特色馆藏体系。另一方面，特色馆藏建设是一个连续性收藏积累的过程，必须坚持对特色藏书进行连续性地收藏，才能形成一个系统而完善的特色文献体系。

四、进一步实现合作藏书与资源共享

建立文献资源社会保障体系，从根本上解决有限的文献收藏与大量的文献信息需求之间的矛盾。现在上海图书馆已经实现了联机合作编目、公共检索、馆际互借、文献传递、电子资源导航、数字资源共享等功能。但在一些细节上，还要进一完善规则以更好地进行资源共享，比如对联合编目数据库，要进一步加强统一的标准工作，尤其是针对光盘、数据库等新的文献类型，要完善和明确各项编目细则。在各共享单位之间建立起一个完善且统一的协调模式，这是使文献得以更好地共享的主要前提之一。

五、努力提高图书馆馆员的素质

信息化环境下，图书馆馆藏资源不再单一的只是纸质馆藏资源了，

---

① 陈莹.网络环境对图书馆藏书发展的影响及对策[J].中国西部科技,2004(4).

还含有大量的网络信息资源等。馆藏对象、采访方式、管理模式、服务渠道等多方面的变化,都对上海图书馆馆员的素质能力提出了更高的要求。工作人员不仅要有较好的计算机操作水平,还要有对虚拟馆藏资源甄别、检索、发掘等能力,这就需要对馆员进行定期的培训和再教育,来提高馆员相应的操作能力,以适应信息环境下藏书发展工作的新需求,来为读者提供更好的服务,推动上海图书馆的可持续发展。

第十三章 上海图书馆合作藏书与 资源共享分析

第一节 合作藏书与资源共享构成分析

一、上海图书馆合作藏书与资源共享体系

由上海图书馆作为最主要协调组织机构的上海地区合作藏书与资源共享工作起步于20世纪90年代后期成立的上海市文献资源共建共享协作网,繁盛于21世纪初启动的上海市中心图书馆工程,截至目前,已经基本建立起了覆盖全市公共图书馆、高校图书馆和专业图书馆三大系统的图书馆网络,并在此基础上又形成了公共图书馆系统内的三个层级,以及基于主要服务群体以及服务目标形成的三大图情服务板块。

1. 三大系统

公共图书馆系统主要包括两个市级总馆,即上海图书馆和上海市少年儿童图书馆,以及各个区县的分馆及其下属的乡镇街道与社区图书馆等基层服务点;高校图书馆系统包括上海音乐学院图书馆、上海交通大学图书馆等上海地区高等院校的研究型图书馆;专业图书馆系统包括科研机构的图情部门,比如中科院生命科学研究院图书馆,以及部分企业的情报机构,如上汽集团、上海宝钢的图情部门等。上海地区这一跨越科教文系统的大型图情机构联合体各自发挥了公众性、学术性以及专业性的文献信息服务功能。

2. 三个层级

在公共图书馆系统内,建立起了以上海图书馆为市中心图书馆、各区县图书馆为中心馆分馆、乡镇街道与社区图书馆为基层服务点的三个层级,构建起了全市公共图书馆一体化服务体系,并形成了中心馆为

指导、区县馆为骨干、基层服务点为补充的发展模式。

3. 三大板块

根据主要服务对象的类型特征以及主要建设目标,上海地区的合作藏书与资源共享体系又可以划分为三大文献信息服务板块:上海图书馆、市级主题图书馆与各研究型大学图书馆、科学研究机构图书馆共同形成的上海市联盟,为上海市重大科研项目服务;上海图书馆和区县分馆及社区公共基层服务点组成的公众服务联盟,满足不同层次市民为科学研究、学习知识、休闲娱乐及对文献信息的需求;由上海图书馆和所有其他系统图书馆共同形成的全方位的知识服务体系[①]。

二、上海图书馆文献资源共建的采集模式

目前上海地区合作藏书与资源共享体系对于文献资源的采集与组织建设主要采用了协调采购、联合采购与联合编目三种模式,主要理念是充分集合各家成员机构的力量,分工合作、节约资源、提高效率,以提升整个上海地区馆藏文献资源的质量。

1. 协调采购

协调采购即参与合作藏书与资源共享的成员机构根据各自的藏书任务、藏书重点与藏书特色,各自开展某些学科主题领域、某些载体类型文献的集中、深度的收藏,并且注意与其他机构间的协调补充,尽可能避免某些品种文献不必要的重复收藏或者共同缺藏。例如,上海市文献资源共建共享协作网每年组织开展外文期刊的协调采购工作,保证重点学科期刊与核心期刊的续订,保持外文期刊在上海地区文献资源体系中收藏的完整性和系统性。

2. 联合采购

联合采购即参与合作藏书与资源共享的成员机构以联合体的方式共同购买某类文献。适用于联合采购的文献通常具有价格高昂、议价空间小、采购渠道狭窄、采购风险高等特点,例如大型数据库、珍贵历史文献等。联合采购的模式有利于向出版商或代理商争取更合理的价格与更优质的服务,有效降低采购风险,并且通过馆际互借实现文献资源

---

① 《上海市中心图书馆建设与发展研究》课题报告.

共享利用的目的。目前上海地区的文献资源联合采购工作集中于数据库、电子期刊等电子资源。

3. 联合编目

上海地区合作藏书与资源共享体系通过上海市文献联合编目中心这一计算机网络平台实现文献资源的共同组织建设。联编中心实现了书目数据在各成员馆之间的共编共享，降低了各机构原有的编目成本，提高了整体工作效率，也为推进地区书目数据编目的标准化建设与质量提升发挥了重要作用。

三、上海图书馆文献资源共享服务

目前，上海地区合作藏书与资源共享体系已搭建起了形式多样、选择多元的传递服务平台，形成了公共联合书目数据检索、馆际互借、联合咨询以及电子资源传递四大服务板块，上海地区的文献资源经由丰富的传递手段为各类用户所利用，发挥了良好的社会效益。

1. 公共联合书目数据检索

2000 年，上海市文献资源共建共享协作网站开通，首次实现了地区馆藏书目数据在统一公共信息平台的检索；此后，在协作网的基础上建立起的上海市中心图书馆又进一步建立了 ipac 联合书目查询系统，用户可查询"一卡通"系统内书刊的实时收藏情况、馆藏分布情况和借阅情况，该系统也是全球范围内机构数量最多、书目记录最多、馆藏记录量最多的地区性的联合书目查询系统[①]。可以说到目前为止，一个采用统一界面、支持跨系统多系统检索的上海地区枢纽式、一体化的联合书目数据信息系统已经基本建成。

2. 馆际互借

馆际互借服务包括文献资源的馆际互借、馆际互阅、馆际互复（复印）等，是上海地区合作藏书与资源共享体系的核心服务内容，也是公共图书馆、高校图书馆与专业图书馆三大系统各成员机构馆藏文献资源实现区域内流动与利用最主要的手段。上海地区合作藏书与资源共

---

① 张奇.上海市中心图书馆六大服务品牌[C]//覆盖城乡的公共图书馆服务体系：上海市中心图书馆建设十周年.上海：上海社会科学院出版社,2010.

享体系以方便用户利用、提高文献的使用效益为建设目标,经过数十年的发展,已经形成了一套比较成熟的馆际互借服务运作与管理机制,并配备有高效的信息传达渠道与物流配送系统作为支撑。其中,中心图书馆的"一卡通"、网上委托借书以及与 CALIS、OCLC 等全国与全球范围图情机构的文献传递是极具特色与影响力的三大服务品牌。

（1）中心图书馆一卡通

上海市中心图书馆工程于 2000 年 12 月启动,同时启动的还有同城"一卡通"这一新型的服务形态,即全市参与中心图书馆工程的各家机构实行统一借阅卡制度,支持异地借书还书,免去读者在不同馆之间来回奔波的麻烦。据上海图书馆与上海市测绘院共同编制的《上海市中心图书馆一卡通分布图册》的统计,至 2012 年,加入"一卡通"的中心图书馆总分馆共计达到了 262 家(点)[1]。

（2）中心图书馆委托借书

针对广大用户希望能够就近提供上海图书馆参考外借图书的需求,上海图书馆依托中心图书馆平台,于 2009 年开始实行网上委托借书服务,并专门研发了网上委托借书系统,采用一位用户、一份委托、一个文献提供包、一张物流送书单的运作模式,将用户预约的图书资料运送到指定的分馆服务点方便用户收取。试点至今,网上委托借书服务的利用率逐年攀升,2012 年,上海图书馆已为 1 932 位用户提供了7 266 册的类似服务[2]。

（3）文献传递

早在 1998 年,上海图书馆就加入了 OCLC 馆际互借服务,成为中国大陆第一家在 OCLC 上开展馆际互借服务的图书馆;此后先后与 CALIS、台北市立图书馆、SUBITO 等全国及全球的图情机构开展原文传递与馆际互借服务活动,体现了上海图书馆立足上海、服务全国、面向全球的文献服务目标。随着上海地区文献资源协作网的发展和上海市中心图书馆建立,由上海图书馆作为牵头组织的上海地区合作藏书与资源共享工程也将全国及全球范围内的文献传递纳入了服务

---

① 王世伟.上海城市图书馆服务体系多维度研究[J].图书与情报,2013(3)：1-13.
② 王世伟.上海中心图书馆的十年发展与未来愿景[J].图书馆杂志,2011(1)：47-52.

项目。

3. 联合咨询

网上联合知识导航站由上海图书馆、高校与科研机构图书馆为主要参与力量，将上海、全国各地以及海外图情界的资深参考馆员和行业专家集结成为知识导航员队伍，借助各成员机构丰富的馆藏资源以及互联网信息，通过电子邮件等新型方式，为用户提供高质量、高效的专业参考咨询服务，凸显上海资源共享体系的网络服务能力与知识导航能力。

4. 电子资源传递服务

近年来，上海地区合作藏书与资源共享工作充分顺应外部环境的发展趋势与用户文献获取利用方式的转变，加大了电子资源建设与传递服务的力度，除了常规的各成员机构馆藏电子资源的共享使用，中心图书馆电子文献传递"e 卡通"工程是最具有代表性的一个服务项目。

电子文献传递"e 卡通"，即：凡上海市中心图书馆有效持证读者可便捷使用中心图书馆购买的并获得厂商授权的电子资源内容，是一项集网络接入、身份认证、授权电子资源访问和使用管理为一体的电子资源远程服务。以"e 卡通"平台为依托，中心图书馆还推出了形式更为多样的新型媒介服务，例如："手机图书馆"，即用户通过一台联入互联网的手机上网即可进行全市馆藏书目联合检索，并且查询到所有加入"一卡通"系统分馆与服务点的地址、电话、开放时间等信息以及地图导航；电子阅读器外借，用户可通过登录"e 卡通"平台，远程下载电子书到各类型号的手持阅读器。

四、上海图书馆合作藏书与资源共享管理模式

合作藏书与资源共享体系的有序稳定运作有赖于能够覆盖整个系统的长效管理机制。上海图书馆作为地区资源共享工程的主要组织协调机构，在政府主管部门的支持下，与参与共建共享的各家机构携手合作，在十余年的发展过程中探索建立了多项富有新意与特色的管理模式，为推动地区文献资源的整合利用与深度长远发展发挥了重要作用。

1. 公共图书馆系统"总—分"二级管理制度

目前上海市中心图书馆工程内的公共图书馆系统形成了"总—分"二级业务管理与运作模式，即：上海图书馆是中心图书馆总馆，对区县

各馆起引领、指导、协调和资源支援作用;各区县馆是中心图书馆的分馆,接受总馆的业务管理和业务指导,同时又是所属区县街镇、社区图书馆等基层服务点的总馆,是该地区的业务指导中心、资源建设分中心、文献提供分中心、采访编目分中心、技术支持分中心以及图书物流分中心[①]。

中心图书馆的功能在总馆的统一平台下,通过各区县分馆辐射到全市各个区域,区县图书馆起到关键的承上启下作用,也可以说区县分馆是整个中心图书馆公共图书馆系统的主体机构。这样设计是因为与总馆相比,区县分馆更接近与熟悉用户,对于用户特征与需求的把握更准确,用户利用区县分馆也相对更便捷。

2. 馆长联席会议制度

上海地区合作藏书与资源共享体系内建立了覆盖多个系统、各个层级成员机构的多种馆长联席会议制度,包括中心图书馆总—分馆馆长季度例会、大学图书馆馆长会议、资源共建共享协作网成员馆馆长联席会议等。这些会议为各家机构搭建了议事、沟通、交流的平台,并多采用各成员馆轮值主持的形式,倡导多方参与,切磋探讨,充分发挥各自的主观能动性,共同促进资源共享体系的良性运转。

3. 业务共建

上海地区合作藏书与资源共享体系在文献资源建设、人力资源管理等多方面尝试进行业务工作的共建,例如:2002 年起,上海图书馆向生命科学图书馆输出专业管理人员担任执行馆长,开拓了全新的理事会管理制度;2003 年,中心图书馆总馆与各区县分馆在文献采编、网上咨询服务、文献提供服务、网络安全与维护、人力资源建设、管理与服务制度、后勤物流配送和"文化信息共享工程信息点共建"等方面开展了业务委托管理,利用总馆丰富的资源,达到成员机构之间的优势互补、共同进步的目的。

4. 人才培训制度

上海地区合作藏书与资源共享体系已建立起了比较完善的人才培训长效机制,配备有专门的图书情报人员培训基地,旨在培养业务

---

① 王世伟.上海中心图书馆的十年发展与未来愿景[J].图书馆杂志,2011(1):47-52.

功底扎实、专业技术过硬、知识结构丰富、高素质、现代化的图情从业人员。培训机制以上海图书馆的教育培训中心为依托,定期开展形式多样、内容针对性强、覆盖面广的培训活动,包括常规的岗位理论与技能培训及讲座、"交换馆员"挂职锻炼活动、馆际馆员交流、国内外学术研讨等。

第二节 合作藏书与资源共享特点分析

一、上海图书馆合作藏书与资源共享益处

1. 分工明确、特色初显

上海地区合作藏书与资源共享体系内的三大图书馆系统从各自的服务对象特性出发,结合自身属性,基本确立了各自的收藏职责、重点与特色。

具体而言,在公共图书馆系统内,上海图书馆作为中心图书馆总馆与上海地区总书库,一方面为全市各类型用户提供广泛的文献资源服务,另一方面注重馆藏文献对于上海城市建设发展的保障功能;各区县公共图书馆强调更贴近用户的基本服务,在发挥地区总馆职能的同时充分彰显区域特色,根据所属区域人文、经济、科研、社会等各方面的优势与特点,在分馆内设立了多个专门收藏特定领域文献的主题图书馆,如黄浦区图书馆内的"俄罗斯文献图书馆"、松江区图书馆内的"地方文献主题馆"等;街道乡镇与社区图书馆着重发挥满足周边居民阅读需求和文娱休闲的作用,以入藏基础普及类文献著作为主,并且强调文献利用的便捷性。

高校与专业图书馆的主要职责是为高校师生或特定机构团体工作人员提供教学、科研、生产等多方面的文献信息资源保障,因此与公共图书馆相比,文献的入藏整体讲求专业性与学术性,并且结合高校的重点专业、科研院所的重大攻关项目、企业的重点生产领域等各馆所属机构的实际情况确立收藏特色,例如上海交通大学的船舶资料特藏、生命科学图书馆的医药生物特藏等。高校与专业图书馆的特色收藏在满足本机构用户文献信息需求的同时,也为相关领域的其他科研系统提供

高质量的资源服务,并逐步实行社会化开放。

在数十载的协调与磨合历程中,参与合作藏书与资源共享的各家机构各司其职,明确分工,共同构建起了一个能够满足用户多元化知识信息需求、比较符合上海都市形象的文献资源格局,并且通过馆际互借等资源共享形式,有效地减少了地区整体的文献重复收藏,实现了可持续发展。

2. 各类群体全面纳入城市文献信息服务范围

上海地区的合作藏书与资源共享体系将各个年龄阶段、各种职业背景、各个社会阶层的公民群体全面纳入了服务范围,充分体现了图书馆知识信息服务的普及型与均等性,发挥了图书馆在地区精神文明建设方面的重要职责。同时,共享体系能够因人而异,根据服务对象的具体特征进行进一步细分,为各类群体提供最契合其需要的服务,例如:2011 年,上海市中心图书馆少儿一卡通正式启动,至 2012 年 12 月,已覆盖全市各区县和街镇的 99 所图书馆,小读者有效证增至 9.5 万张[1];上海图书馆与市邮政局合作,定期开展特殊群体送书上门服务,服务的对象涵盖了进城务工者、服刑人员、军营官兵、盲人等通常情况下鲜有机会接触图书馆的群体。

3. 统一运作管理

上海地区的合作藏书与资源共享体系是一个横向的图情行业联合体,参与共建共享的机构不改变原有的行政体制隶属,体系内只有协调组织机构,没有顶层管理部门,因而体系在实际的运作管理过程中格外强调统一与规范,力求减少成员机构各自为政的现象,为用户提供区域性一体化的文献服务。参与机构签订了共同认可并接受其约束协调的资源共建共享协议,协议附有完整的、可以指导成员机构开展具体的业务工作章程、规定、条例、细则等,例如:上海市文献联合编目中心规定了统一的著录标准,确保成员馆上传的书目数据格式一致,方便检索与质量监督;中心图书馆颁布了《上海市中心图书馆公共分馆、基础服务点管理手册》,在书刊借阅、读者办证、网上讯息传递、物流配送等各方面施行总分馆统一的服务规范。

---

① 王世伟.上海城市图书馆服务体系多维度研究[J].图书与情报,2013(3):1 - 13.

4. 强大的技术支撑

上海地区的合作藏书与资源共享体系目前已基本建成了集传统与网络文献服务、用户与物流管理为一体的综合服务管理支持平台,采用多种网络接入手段,应用包括云计算在内的多种新技术,与各系统图情机构对接,构成了三大系统、三级层次的上海地区图书馆城域网。强大的技术支撑确保管理平台具备一定的网络服务器承载负荷以及相应的存储备份措施,通过与安全系统的良好配合,确保整个系统平台内的资源安全、稳定、高效的提供和利用。在文献传递电子化、馆际互借服务网络化的时代背景下,成熟的技术环境是合作藏书与资源共享体系进一步实现广泛、深度发展的必要条件。

二、上海图书馆合作藏书与资源共享的障碍

1. 行业壁垒依然存在

上文已经提到,参与上海地区合作藏书与资源共享的各家机构并不属于一个系统,上海图书馆隶属市委宣传部,区县图书馆分属各区县文广局、统归市文广局管理,高校图书馆由各高校统管并接受分属国家教委和市高教委管理,其他类型的图书馆分散归口于不同的其他系统管辖。尽管有组织机构发挥牵头协调作用,但资源共享体系在实际运作仍不可避免地会遇到行政体制层面的阻碍,不同行业间的壁垒依然存在。

行业壁垒首先表现在地区文献资源的整体配置布局方面。目前,基于总—分两级管理体制的公共图书馆系统内的文献资源一体化布局程度较高,主要原因还是因为公共图书馆的属性是相同的,服务的对象共性较多,运作模式总体相似,交流沟通与协调互补机制也比较完善。与此相对的,部分高校与专业图书馆虽然加入了资源共建共享体系,但与公共图书馆之间的文献资源有机融合度与优势互补性还不强,彼此间并不熟悉对方的收藏重点,造成某些学科领域、某些载体文献的重复收藏现象依然存在。

在业务共建方面,高校馆与专业馆的专业学科领域研究人才优势、图情专业教育培训优势、数字图书馆建设相关的计算机、网络、通信等研发优势尚未在资源共享体系内获得充分发挥,人才的流动基本还是

囿于本机构内或者同行业之间,尚未达到真正意义上的共建目标。

在文献服务方面,部分高校馆与专业图书馆的社会化开放程度仍较低,对于使用者的身份仍有限制,往往只有本校师生或者拥有某种技术职称等级以上的用户才可利用,社会上的普通用户想要利用高校与专业馆的文献资源大多只能经由公共图书馆代为联系进行馆际互借,并且需为此支付比较高昂的费用。

2. 部分成员机构收藏特色不够明确

部分成员机构虽然拥有了自身的传统馆藏优势与新兴馆藏特色,但在形成比较明晰完善的特色馆藏结构方面还有所欠缺,比如特定领域的文献收藏等级是要达到完整级还是研究级,收藏的类型是以纸本为主还是以电子资源为主,出版年代是注重最新知识研究成果的收集还是注重回溯资料的典藏等,界定比较宽泛模糊,因而在具体的文献资源采集过程中存在着随意操作、内容雷同、质量不高等现象。如此,既不利于机构本身的藏书深度与长远发展,也可能因为自身藏书结构不明从而造成他馆的重复收藏,进而影响到所在区域乃至整个上海地区的文献资源整体特色化、专业化、协调性优化配置。

3. 文献服务的普及利用度仍需进一步提升

目前上海合作藏书与资源共享体系已经实现的几项服务功能中,只有中心图书馆"一卡通"通借通还与网上委托借书服务拥有较高的知晓度与利用率,并且近几年一直保持着利用数量稳步增长的态势。对于其他服务的利用,诸如文献资源共建共享协作网站的书目检索、公共馆与高校及专业馆之间的馆际互借、与全国及国际图情机构的原文传递等,仍基本局限于专门从事科学研究的用户,在普通大众读者中的普及度还不高。

4. 文献资源共建共享整体发展平衡度不高

参与上海合作藏书与资源共享的图情机构数量庞大,势必在财政资金的获取、图情业务与网络系统技术人才的配备、文献采编等基础业务工作的开展、硬件设备的更新、决策与管理层对共建共享工作的重视程度与支持力度等各方面都存在着一定差异。尤其是一些以街道社区的基层服务点为代表的中小型的图情机构,资源的共建能力还比较薄弱,运作上对所属区县分馆及总馆的依赖性还比较强,另外还因为长期习惯于接受上级部门行政层面的资源配置，在思想观念上也依然停留在单纯共享而不是积极共建的层面。可以说上海现有的文献资源共建共享体系发展的整体平衡度还不是很高，广大用户希求的城市一体化文献信息资源服务的时代还未到来。

第三节　合作藏书与资源共享发展机遇

一、政府支持

上海合作藏书与资源共享体系发展壮大至今，每一阶段都离不开政府有关部门的大力支持。除了每年市区两级财政投入固定资金用以软硬件建设，政府还运用了一系列政策手段直接推动共享体系的良性发展，例如 2010 年，上海市政府将全市实现"一卡通"街镇全覆盖工作列入当年市政府的重点工作，制定了新的《上海市文献信息资源共建共享计划》，确立了共享体系未来发展的目标，指明了发展的路径。此外，政府部门高度参与文献资源共建共享工程项目建设，政府相关部门的主要领导担任项目的统领工作，对于资源共享工作逐步超越行业内部协作、上升到整个区域内的深入推进起到了关键作用。今后，政府在图情文化建设事业中的公益性与协调性功能将更加凸显，也为共享体系内部不同系统所属资源的进一步流动与整合提供了良好机遇。

二、用户需求转变

近几年，资源共享体系的用户的需求发生了较大转变，用户正从过去被动的信息接收者逐渐转变为信息普及与共享的实践者，用户对文献资源的需求也相应地从原有的单一化、普遍化转为个性化、多样化。用户需求的转变为资源共享工作的开展带来了一定难度，但也为资源共享工作的改进提供了更明确的导向。上海合作藏书与资源共享体系需要将广泛深入的用户调研纳入常态化管理体制，把握好用户需求转变的机遇，将用户需求作为自身发展的原动力，作为进一步改进各项具体业务工作的出发点与落脚点，从用户需求出发，优化布局区域资源、改进文献采编基础业务、创新升级服务模式。

上海市中心图书馆全市通借通还的"一卡通"模式在全市各街镇的全覆盖就是一次基于用户需求规划、改进工作的成功实践。随着现代社会生活节奏的加快,越来越多的用户对文献资源获取的便捷性与高效性提出了更高的要求。忙于工作的人们希望能够迅速精准地定位目标信息,并且能够有最省时省力的途径获取与归还所借书刊。"一卡通"模式的推出无疑准确迎合了这一需求,人们无须奔波,在离家最近的基层服务点便可索取与归还所需文献。2010—2012 年中心图书馆服务数据统计显示,随着"一卡通"在全市公共图书馆系统的逐步覆盖,三年内,无论是读者的办证数量、书刊的外借册数、还是异地借还量都呈现出逐年上升的态势。"一卡通"在方便用户的同时,还带动了区县分馆与街镇、社区馆等一大批基层服务点文献的利用率,使更多原本乏人知晓、少人问津的文献获得了社会效益的二次开发(见表 13 - 1)。

表 13 - 1 上海市中心图书馆服务数据一览表(2010—2012)[①]

年 度	办证/续证量 (万张)	文献流通量 (万册)	异地借还量 (万人)	读者流通量 (万人)
2010	15.2/21.4	2 252.7	53.34	675.4
2011	18.9/27.3	2 957.2	70.21	858.1
2012	20.7/25.3	3 676.0	80.70	997.4

三、网络通信技术发展

网络通信技术的快速发展对上海市文献资源共建共享平台的搭建起到了关键性的推动作用。网络使各成员机构之间的联系沟通变得更为顺畅及时,更为共享文献资源的建设、管理与服务提供了更多全新的多样化的思路。例如,各成员机构可加速推动馆藏电子资源的共享,弥补纸质资源馆际间传递受物流因素影响较大的弱点;馆际互借业务应进一步向网络化管理迈进,以提升服务效率,加速信息流转;文献传递服务费用的支付方式可以更现代化,例如借鉴支付宝等在线支付模式。

---

① 王世伟. 上海城市图书馆服务体系多维度研究[J]. 图书与情报,2013(3):1 - 13.

第四节　合作藏书与资源共享建议

一、依托政府力量，打破行业壁垒

作为地区合作藏书与资源共享的主要协调组织机构，在今后的工作中，上海图书馆应充分依托政府主管部门的力量，从以下几个途径入手，逐渐打破不同系统成员机构之间的行业壁垒，突破体制障碍，加强机构间，尤其是公共图书馆与高校图书馆、专业图书馆的联动运作：① 组织相关领域的学者专家，尽快推进图书馆地方性法规的出台与有效落实，形成一个各成员机构共同认可的行业规范，对现有的各项共建共享协议形成有效补充；② 由政府部门出面协调沟通，酌情逐步加大高校图书馆与专业图书馆的社会化开放程度，探索社会化开放的新模式，为社会读者科学研究提供更专业的学术资源服务；③ 协商酌情降低馆际互借的费用，提高公共馆与高校图书馆、专业图书馆间的馆际互借服务在普通用户中的普及利用率。

二、建立跨系统、跨层级的信息共享平台

在现有的中心图书馆综合服务管理平台与文献资源共建共享协作网站的基础上，在目前的资源共享体系内建立一个更为完善、覆盖范围更广且层级更多的信息集合与发布平台，除了强化原有的馆际互借、联合书目数据检索、资源协调采购等功能，实现各类信息的及时与充分流动：① 文献资源建设信息，包括各成员机构的藏书结构、文献采访计划与成果等，方便各机构了解其他机构的馆藏重点、特色与建设进展，以此为依据进行调整，减少重复收藏的部分；② 各类合作藏书业务活动信息，包括联合采购、联合编目、学术交流、讲座与培训的通知等，成员机构可根据自己的实际情况选择参与合适的业务活动，全面提高共建能力；③ 人力资源信息，包括各成员机构享有的采编、服务、参考咨询等业务人才、计算机与网络通信技术人才、教育培训人才、专业领域研究人才等，经总馆协调或成员机构自行申请，实现人才优势在区域内的共享。

三、以用户需求为导向,优化布局文献资源

参与资源共建共享的各成员机构应准确把握服务用户的特征与需求,结合所在地区的社会、经济、科研、文化发展的优势与特点,形成具有特色的藏书结构。上海图书馆要联合各区县分馆,在文献资源优化布局工作中承担起协调指导的作用,合理分配好下属各机构的藏书任务与重点,建立起与地区发展建设相一致的文献资源体系。

四、顺应外界变化趋势,提升服务能级

上海合作藏书与资源共享体系应充分利用现有的技术优势,顺应电子资源发展与网络环境成熟的时代变化趋势,顺应用户需求转变,全面升级服务体系,提高用户对于地区馆藏文献资源的利用率与满意程度。具体的实施途径有:一是继续开发类似于手机图书馆、电子阅读器外借等搭载于新兴媒介的文献服务方式,提供用户更多的文献检索与获取途径的选择;二是扩大"e卡通"电子资源远程登录项目在公共图书馆系统内的应用,满足更多区县分馆及基层服务点对新技术、新阅读的需求,并将该项目逐步推广至高校馆与专业馆,尝试与上海市高校网络图书馆对接,构建起覆盖全市的数字图书馆网络;三是采用多种手段加强各类文献传递服务项目的宣传力度,包括完善上海图书馆、文献共建共享协作网站、中心图书馆网站等多个用户平台的建设,调整服务端口的设置,利用微博、微信等新媒体推介各类资讯等;四是推进成员机构特色馆藏的数字化转换工作,充实共享体系的电子资源馆藏,提高特色资源的知晓度。

五、加强协调沟通,带动共同发展

上海图书馆要充分发挥好协调组织职能,带动参与共建共享的各家成员机构共同发展,提高各机构,尤其是较为薄弱的中小型基层图书馆的资源共建能力与自主运作管理的积极性,改善区域内资源共享体系发展不平衡的状态。例如:在分配藏书任务时充分尊重各机构的主观能动性,由其自主决定藏书特色,协调机构只提供业务指导;逐步向基层图情机构开放联编中心的数据上传与下载的权限,配备数据质量

监控反馈机制与激励机制,提高成员机构对联编中心建设与维护工作的参与度;继续实行人才培训与馆员交换机制,从内部着手提高人才资源匮乏机构的软实力。

上海图书馆还要与地方政府相关部门协商沟通,探索实行财政资金分级投入统一管理的运行模式,加大对部分机构设备更新、文献采购、业务管理等各方面的经费支持,同时也减轻总馆资源调拨的压力。

第三部分

设 想 篇

第十四章　上海图书馆文献采访设想

第一节　功能型文献采访

一、用户利用型文献

用户利用型文献采访工作的重点在于把握用户需求,树立用户至上的服务理念,从文献的实际利用状况与用户的现实需求出发,采访用户真正需要的文献,而不是依赖于本馆的资金状况、全凭主观判断或是按照传统的工作思路来采访图书馆需要的文献。例如,在配置某一品种中文图书的复本量时,统计相似品种图书近期的借阅数、复印数、预约数,供不应求的品种酌情增加复本数量,乏人问津的则适当减少复本;又如,续订某一数据库时,根据过去一年该数据库的点击数、有效浏览数(用户在该页面停留时间超过一定期限)、下载篇数等指标考察其利用情况,并委托系统网络中心与读者服务中心以问卷、访谈等形式调研用户对该数据库的实际使用感受,包括数据库内容的丰富度、实用性、界面的友好、操作的简便程度等,综合判断该数据库是否真正受用户欢迎后再决定是否续订。

二、保障型文献

用户利用型文献的采访工作是基于"需要论",保障型文献的采访工作则是基于文献本身的"价值论",重点是基于欲采购文献实际的出版发行现状、重点学科领域的研究进展、原有馆藏结构及地区资源体系结构的完整性、上海地区发展建设动向等情况,采集到具有学术性、思想性、系统性、连续性等特点的文献。例如,地方志是上海图书馆馆藏特色之一,其采选必须体现地方性与广泛性,做到覆盖尽可能多的区域,某一区域内再采集尽可能多行业的方志,力求完整展现某一行政地区政治、经济、文化、历史、地理等各个方面的概貌,并为从事相关研究的专业人士提供有用的参考信息。

三、两者兼有型文献

两者兼有型文献的采访工作必须同时考虑文献对于用户需求的满足程度以及文献自身的价值。如外文图书的采访,一方面应重点收集基础科学、新兴学科、高新技术、经济、金融、科技、城市建设、环境保护等属于上海地区重大科研攻关项目、支柱产业相关领域的著作,为上海地区经济建设发展提供有效的文献信息资源支撑;另一方面也要考虑到越发庞大的用户群体的学习、研究、阅读、娱乐等多元化需求,关注国内外的社会热点动态,适当采选用户感兴趣的畅销图书与质量较高的普及读物。

无论文献属于何种功能类型,开展深入调研、对终端需求全面准确地把握是开展好文献采访工作的首要条件。以最新的客观事实为依据,而不是凭主观臆断或传统思路做决定。要将文献采访工作由选购文献的实际操作——即“采访”的“采”,转移到贯穿整个采访工作过程的调研工作——即“采访”的“访”,包括:

① 调研各类文献的出版发行信息与代理商情况,保证入藏文献质量。

② 调研各类文献主要用户群体的构成、实际流通情况与用户反馈,综合分析用户的现实需求与潜在需求,从中发现目前的馆藏结构及采访结构与用户需求之间的矛盾,以着手优化,提高用户满意度。

③ 调研本馆目前的馆藏文献结构与近几年的文献入藏结构,做到馆藏优势与劣势了然于心。

④ 调研地区文献信息资源体系的构成与地区发展建设的动向,承担地区资源保障中心的职责。

第二节　载体型文献采访

一、上海图书馆中文书刊复本量

《上海图书馆文献采访条例(2007年修订)》对中文书刊的复本量作了如下规定:一般中文图书每种购4册,读者需求量大的文学类图书可适当增加复本,学术类专著可减少1~2个复本;中文报刊一般订购 3 个复本,图情类、休闲类中较热门的生活类杂志为 4～5 个复本,农业、地质等较冷门的学科为 2 个复本。

应该说目前的中文书刊复本量规定基本体现了中文书刊"以用户需求决定采购",但尚有改进的余地,在遵循用户利用型文献"以用定藏"、"以用定采"下,设置中文图书与报刊的复本量时,可通过如下途径优化配比:

1. 充分利用流通数据

调取流通数据,仔细观察同类书刊(同一学科领域、同属学术类或普及类著作等)近期的外借数量、阅览数量、复印数量与咨询人次,分析该品种书刊具体的用户需求数量并由此为依据确定欲采购品种的复本数量。对于相对较难统计的书刊阅览次数,除了采用传统的人工登记方式,还可开发利用 RFID 等先进技术的智能化统计汇总模式,完善开架阅览书刊的统计体系。

2. 充分利用读者预约功能

充分利用上海图书馆外借系统中的读者预约功能,当读者发现自己想要借阅的书刊处于全部借出状态时可进行预约,当某一品种书刊的预约数达到一定值,即出现"供不应求"的局面时考虑增加同类书刊的复本数量。

3. 加大对电子资源的采购力度

近年来上海图书馆不断加大对电子资源的采购力度,特别是配合上海市民数字阅读计划推出了手持阅读器、iPad 等新媒介的外借服务后,中文电子图书、电子报纸与电子报纸的外借数量有较为明显的增长,且预计今后的使用量将进一步上升。出于丰富文献获取路径、减少内容相同、载体不同文献的采购资金重复投入等考虑,印刷型中文书刊的复本数量可以根据其电子版本的采购与流通情况作出相应的调整,一些需求量较大的印刷版书刊品种如同时订购了电子版本,可酌情减少复本的购入。

二、上海图书馆外文书刊选择

1. 深入调研、细分重点学科

(1) 确立采访重点

调研上海图书馆现有的外文书刊馆藏与采访结构,掌握上海图书馆外文书刊的馆藏优势与特色,将收藏比例较高、近年来采访量较大的学科类目作为采访重点。

(2) 掌握国际科技动向

通过关注《Choice》等综合性书评刊物、国外重要核心科技期刊手册等途径,掌握欧美、日本、俄罗斯、韩国等世界重要国家的重点建设项目、尖端技术与科学研究动向,并从中选择对上海地区发展具有启示意义与参考价值的学科。如,日本经历"3·11"大地震与核泄漏事故后,环保减灾(X43)、清洁能源开发(TK01)等学科逐渐成为日本国内科研与技术开发的热点与重点,而上海在大力发展产业经济的同时也关注如何保持生态平衡、实现可持续发展,因此以上学科可以成为采访的重点。

(3) 立足上海的发展

跟踪上海发展建设的规划方向、重大科研攻关项目、支柱产业与新兴学科、社会动态与热点等,提取关键词成为重点跟踪采集的对象,如"四个中心"建设相关的金融(F8)、贸易(F7)与服务经济(F264.1)、作为重要科研项目的生物工程(Q81)、轨道交通(U12)等。采访人员需密切关注上海市政府颁布的有关政策、法规、批文,跟踪报纸、电视、互联网等各路媒体的相关报道,并定期访问专家学者,听取他们对重点学科的把关意见。

2. 使用"流通/采访比"调整重点学科

为兼顾一般用户对上海图书馆外文书刊的需求,我们可以采用流通/采访比的分析方法,评估各学科外文书刊的具体用户利用情况,对重点学科的设置进行进一步调整优化。流通/采访比指标是保加利亚图书馆学家斯坦切夫(M. Stanchev)在其馆藏评价理论中提出的,他认为各类学科的需求比例应该与馆藏各类文献信息资料所占比例相符。符合程度的绝对值越小,权值越接近,则说明该类馆藏文献与读者需求之间相符合的程度越佳,馆藏结构合理,反之亦然。一般认为,流通比例与采访比例在 0.5~1.5 是合理区间。

选取 2006—2011 年五年内上海图书馆外文图书的流通数据为例进行分析,以各学科大类采访比例为基数去除流通比例,可以得到流通/采访比,如图 14-1 所示,图中红色越深,表明该值越大,流通比例大于采访比例,说明该大类图书的利用率越高;若蓝色越深则反之,表明该大类图书利用率越低。可以发现,流通/采访比最大的是 H 和 I 两大类,H 大类处于 4～5 之间,I 大类则处于 2～3 之间,最低的是 P,Q,R,X,S 大类,五年内基本低于 0.4。

年份	A	B	C	D	E	F	G	H	I	J	K
2006	2.21	1.59	0.55	0.77	1.31	1.28	0.68	4.39	2.51	1.10	1.47
2007	2.23	1.56	0.77	0.69	0.98	1.37	0.76	4.29	2.66	1.66	1.49
2008	1.84	1.34	0.85	0.67	0.74	1.35	0.84	5.34	3.03	1.84	1.52
2009	1.63	1.49	0.82	0.79	1.15	1.26	0.81	5.64	3.35	1.49	1.68
2010	1.85	1.55	0.85	0.79	1.07	1.30	0.98	5.91	3.85	1.68	1.71
2011	1.06	1.53	0.85	0.90	1.49	1.24	0.96	5.16	3.77	1.84	1.84
年份	N	O	P	Q	R	S	T-TV	U	V	X	Z
2006	0.72	1.80	0.28	0.27	0.36	0.32	0.93	1.82	0.79	0.33	3.87
2007	0.66	1.47	0.30	0.31	0.47	0.33	0.89	1.61	0.84	0.33	3.17
2008	0.73	1.29	0.33	0.30	0.50	0.26	0.89	1.13	0.85	0.35	2.94
2009	0.65	1.24	0.33	0.29	0.47	0.46	0.80	1.28	0.75	0.42	2.59
2010	0.66	1.11	0.25	0.33	0.43	0.28	0.72	1.08	0.68	0.33	1.99
2011	0.51	1.00	0.30	0.35	0.41	0.39	0.68	1.12	0.61	0.32	2.78

图 14-1　2006—2011 年各大类图书流通/采访比

H 大类与 I 大类非外文图书采访重点学科,但利用率高,需求量大;反之,X 大类是采访重点学科,却利用率不高,需求量很低。同样的情况在外文期刊中也经常出现,如何解决外文文献价值论与需求论的矛盾,是进行采访重点学科设置时的一个问题。

对此,出于地区文献资源体系构建的需要,一些流通量不高、需求量不大的重点学科不能就此放弃对其的重点采集收集,可以另辟蹊径提高其利用率,例如针对沪上一些科研机构、从事相关领域研究的专家学者等,采取送书送刊上门的方式,改被动等待用户利用为主动引导用户利用;对一些流通量大的非重点学科,可酌情适当提高其采选比例,但不能贸然加大采购量,应注意采集文献的品种,例如选择学术研究性质的语言类专著,不采普及类教材;文学类外文书刊重点收集诺贝尔文学奖等世界知名奖项的著作;另外还可通过扩大交换捐赠、争取有效托存等非采购途径,在不浪费有限采购资金、不破坏原有采访学科结构的基础上尽量满足大部分用户的需求。

三、电子资源与纸质资源的选择

配比纸质文献资源与电子文献资源的采选比例,凸显不同载体文献各自的优势,可以设置以下几个判断指标。

1. 文献特征

根据所要采购文献包含的信息内容、出版发行规律、常用的检索与利用方法等具体特征选择纸质或电子版本。例如,专业程度较高的科技类期刊已有电子版本可以停订相应的纸质版本,这是因为通常科技领域研究发展的变化速度快,相较于纸质版本,电子版本能够及时更新所含内容,跟上学科研究进程,优势明显;参考工具型文献尽量选择电子版本,因为电子版本信息涵盖量大、覆盖面广,真正体现参考实用的价值,并且可以帮助用户轻松实现检索定位,节约馆藏空间。

2. 用户特征

根据主要用户群体的特征选择纸质或电子版本。用户特征包括用户的年龄、职业、学历等构成,用户的文献使用习惯与阅读偏好,计算机与互联网操作技能,对新事物的接受程度与适应能力等。例如,普通的中文图书利用群体年龄跨度极大,因此应主要采购不同年龄段用户普遍接受的传统纸本书,同时辅助采选一部分电子版本,用以满足偏爱快餐式阅读形式、能够熟练操作电子阅读器的年轻用户的需求。

3. 价格

公共图书馆的文献采购资金全部依靠政府拨款,因此文献价格也是重要的判断指标。近年来无论是纸本文献还是电子文献,价格涨幅都比较可观,对此可以采用成本效益原则,衡量纸质与电子资源的价格/信息量之比[①],在信息量均等的情况下选择价格更实惠的载体类型。

第三节　文献采访质量

上海图书馆文献采访质量的控制,就是运用各种方法手段、借用馆内馆外各种力量,对文献的质量进行严格的把控,避免文献采购入藏投入使用无法有效发挥其功能,包括流通量低、无益于完善本馆馆藏结构

---

① 王志君. 网络环境下图书馆文献采访新探讨[C]//国家图书馆外文采编部. 数字时代的文献资源建设:第四届全国文献采访工作研讨会论文集. 北京:国家图书馆,2012.

及地区文献资源体系等,造成采购经费与人力物力的浪费、占据馆藏空间等。

一、建立统一规范的文献采访质量控制标准

上海图书馆应从文献内容质量与文献使用质量两个角度出发,制定一套完整的、规范的、对不同类型文献都具备可操作性的文献采访质量控制标准体系,该体系应写进新修订的上海图书馆文献采访政策中,对每一位采访馆员具有约束效果,同时也为馆员自我测评、管理层考核、文化部专项评估、用户与专家使用意见反馈等提供有效的参考依据。

1. 文献内容质量控制标准

（1）文献系统性与连续性

上海图书馆馆藏文献,尤其是重点采访学科、多卷书、特种文献与连续出版物的收集应体现出某一学科领域知识的系统性与连续性,以展现出该领域研究、应用与发展的历史进程的完整概貌,提高上海图书馆馆藏文献资源结构的完整度,提升上海图书馆的文献资源建设水平。

保证采访文献的系统性与连续性,具体的操作方法是在全面掌握上海图书馆现有藏书结构的基础上,了解市场出版行情动态及本馆具体缺藏情况,有的放矢地进行补充入藏。例如,根据搜集到的外文图书出版清单,搜索其中含"全集"、"文集"、"选集"、"百科全书"等具有明显多卷书特征的关键字,对外文多卷书的采选情况进行检查,对缺藏图书进行补配;依据华东地区最权威专业的外刊联合目录——《华东地区国外与港台地区科技期刊联合目录》中的目录数据,检查本馆的入藏情况;定期跟踪电气和电子工程师协会（IEEE）、国际光学工程师协会（SPIE）等国际重要学协会出版的会议录文献信息,并对照已发送的订单,检查有否漏订。

（2）文献价值

上海图书馆应致力于具备较高价值文献的收藏。文献价值是指文献自身所蕴含的学术价值、实用价值、思想艺术价值、信息覆盖量,以及所体现的内容在相关学科领域的先进程度、新颖程度、研究深度等。

目前文献出版市场存在着出版机构繁杂、文献整体质量不佳、题材

跟风现象严重、学术类专著受到挤压等乱象。在这种形势下,采访人员尤其严格把关,即使是采取全面收藏方针的中文书刊,也要仔细甄别,挑选出具备高质量的文献。

文献价值的判别主要包括:

① 文献著者 一般来说,要选择在相关知识学科研究领域具有一定权威性与声望的个人著者与团体机构著者,如诺贝尔奖等国际主要奖项获奖者、某学科领域研究处于引领地位的大学与科研机构的教授、国际知名的学术团体、学/会协会等,这些著者的著作质量总体是有一定保证的。② 文献出版相关信息 一是出版机构文献的信息密度、利用率、学术声誉、文献前瞻性等;二是在某学科领域或某文献载体方面具有出版优势与特色;三是核心刊物;四是出版机构的良好口碑等。③ 文献内容 文献内容的判别相对而言最为困难,通常代理商提供的目录订单中有关某种文献的具体内容只有寥寥数语的简短提要,采访人员需结合文献题名、著者与出版机构特点,综合判断文献内容价值以及是否适合本馆入藏。必要时,采访人员可以利用外部媒介进行文献质量鉴别的辅助判断,如外文图书采选时常用的综合性书评刊物《Choice》、外文期刊采选常用的 Ulrichs 、Ingentaconnect、Worldcat 等各种网络选刊工具。

(3)代理商评估

通常情况下,代理商的资质、声望、在某些学科领域或文献类型方面的强项、对一些新兴学科与热点动向的捕捉把控能力往往可以间接地保证其提供的目录中文献的质量。上海图书馆延续目前对中外文图书、报刊、电子资源等各类型文献的定期代理商评估制度,完善评估指标体系,从代理商提供目录的文献选中率、与上海图书馆文献收藏标准的契合程度、配货速度与配货准确率、售后服务质量等多个方面,采用比较直观且客观的数字化科学统计方式,对上海图书馆的主要文献代理商进行全面评价,把握采选文献的内容质量与规范程度。

(4)电子资源

电子资源因其物理形态的特殊性,对于其内容质量的控制与传统纸质文献资源既有相通之处又有不同特点。与印刷型文献一样,采访人员在新订某电子资源时需要评估其学科知识的覆盖程度、专业性、系统性、权威性等。而与印刷型文献不同的是,电子资源还需要从技术因素的角度控制其质量,包括:① 电子资源的时效性,采取逐年续订的方式以便对其中内容进行更新;② 数据的传输速度以及与本馆服务器的相容性;③ 搜索功能,界面便于操作;④ 访问权限,用户可以实现远程登录,同时登录的用户数量有上限,浏览、复制粘贴、下载权限的界定;⑤ 代理商定期提供用户利用的有效统计数据,以便电子资源建设相关工作人员完成对电子资源使用的评估报告,为下一年度的续订作参考;⑥ 电子资源显示方面的问题,包括电子资源的格式、字体大小、艺术设计类相关资源图像显示清晰度等。

2. 文献使用质量控制标准

(1) 用户需求的契合程度

采访人员必须确保用户利用型文献采选入馆后能够尽可能地实现在其主要利用群体之间的流通,因此在审视文献内容价值之外,还要对其是否贴近用户需求作出判断。① 采选文献面向的主要用户群体的信息,通过用户的数量、年龄段分布、学历背景、职业结构等多个方面推测用户需求;② 相同类型的文献过去一段时间在馆内的流通情况,包括本馆借阅量、馆际互借量、复印量、参考咨询数、电子资源的用户登录人次、点击数与下载篇数等;③ 采访人员通过听取用户利用反馈意见等方式进行用户需求的辅助判断。

(2) 对现有藏书结构的完善度

采访人员必须确保采选的文献能有助于上海图书馆完善优化其现有的藏书结构,包括学科层次等级的划分,不同语种文献的配比,最新出版文献与具有史料价值文献的互补,电子资源与纸质资源收藏比例的平衡并尽量避免重复,重点学科、地方文献、历史文献与特种文献等上海图书馆馆藏特色文献收藏的专业性、系统性与完整性等。

(3) 与上海地区建设发展重点的匹配度

上海图书馆的采选方针要求外文文献采访的重点学科要与上海地区发展建设的重点相匹配,重点收藏与上海建设重要攻关科研项目、支柱产业与新兴学科、社会热点等相关学科领域的专著。对此,采访人员应通过关注政府颁发的政策批文、各类媒体的报道、走访专家学者等多种途径,把握相关信息,在具体圈选文献时可以有的放矢,有效甄别。

二、建立文献采访决策保障机制

在实际工作中,采访人员因自身认知水平与学科知识结构完善度有限、对真实的用户需求把握不准、将个人主观意识与喜好带入文献采访决策工作等情况几乎不可避免,由此对文献质量的判断或多或少都会带有一定的模糊性与随意性。从上海图书馆管理层角度来说,要尽可能地通过外部介入的手段提升文献采访人员的采访决策能力,降低文献质量判断中的模糊性与随意性,确保文献高质量入藏。

1. 落实文献采选相关规定与流程

严格落实文献质量控制标准,并制定相关的文献选择决策程序,规定采访人员在采选文献时需严格遵守该程序,从文献的价值、著者、出版因素、内容提要、本馆收藏的系统性与连续性、对用户需求的满足程度、与本馆藏书结构的契合程度等多个方面进行综合考察判断,严禁断章取义,凭经验办事。采访人员提交采访订单后,管理人员也要依据相关规定进行严格审核,层层把关确保质量。

2. 建立文献采选决策信息保障系统

要为采访人员的文献采选决策操作建立起一个内涵丰富、更新及时的信息储备保障系统,该系统应收录以下内容:本馆的藏书发展政策与文献采访政策中的相关规定、各类型文献的市场出版信息、主要代理商信息、已有馆藏信息、地区共享资源信息、用户信息、相关文献在各个历史时期的流通情况、用户的反馈意见、专家的测评意见等。

该信息保障系统应定期由专人进行更新,保证系统中信息的长期权威性与新颖性。系统还要与每位采访人员的计算机进行无缝对接,方便采访人员在采选文献时随时进行判断。

三、完善文献采访评价机制

1. 评价依据

（1）文献采访政策与文献质量控制标准

目前,上海图书馆的文献采访政策与文献质量控制标准具有相对稳定性,对具体的文献采访工作具有指导意义与约束能力,其中对上海图书馆采选文献的内容质量与使用质量应达到的标准都做了比较明确的规定，因此可以成为采访评价时的参考依据。

（2）文献利用情况

文献利用情况是中文文献、一部分需求量大的外文文献等用户利用型文献的最重要的评价依据，对于保障型文献，少部分从事相关领域研究的科研学者用户的使用情况也可以成为评估的参考标准之一。文献利用情况的主要体现是文献的流通数据，但还应包括具体的用户反馈意见，因为流通数据反映的只是文献的外借、阅览或点击次数，用户反馈意见可以帮助我们更直观地了解文献的学术研究价值、实用价值等是否能够满足用户的需求。

（3）专家反馈意见

上海图书馆要定期邀请图情领域以及馆藏重点学科、重点文献类型等相关领域的专家学者，从专业人士的角度对上海图书馆的现有采访结构、采选文献的质量、对地区资源结构的完善程度等进行全面评估，尤其是文献质量把握不易的保障型文献，专家的反馈意见将成为采访人员改进采访质量、丰富自身知识储备、提高决策能力的重要途径。

2. 评价机制

（1）采访人员定期自我评价

相关的文献采编部门内部可以建立起采访人员对文献采访质量的定期自我评价机制，基于提交采访订单的审核通过情况、读者服务中心与系统网络中心提供的文献流通数据、用户与专家的反馈意见等对自己采选文献的内容质量与使用质量进行自我测评，管理层以要求提交测评报告的方式对采访人员自我评价制度的实施情况进行监督，还可组织形式多样的部门内交流、互评活动，以此提高采访人员文献鉴别水平、采购能力以及提升自我的积极性。

（2）管理层定期考核机制

上海图书馆文献采访工作的主管机构——业务处应定期对文献采访质量进行考核评估，并将考核的结果提交上海图书馆文献采访工作的咨询机构——文献资源建设委员会，文献资源建设委员会对照文献采访政策与文献采访质量控制标准体系对考核结构进行评估，并给出具体的优化意见。此外还应充分利用四年一度的文化部省级公共图书馆评估制度,对最近几年的文献采访工作进行彻底的考察。

第四节　文献采访的人本管理

采访人员作为文献采访工作最重要的人力资源,其工作的质量与效率与最终藏书发展结构的合理有着密切的联系,不良的工作环境、低落的工作情绪等因素都会引发重复、无效的劳动,从而产生浪费。因此,对采访人员的管理不仅是单纯的关心员工,激励员工,管束员工,而是要更多地去开发采访人员潜在的能力,全力为文献采访工作、为图书馆藏书发展服务。

一、建立教育培训机制

采访人员是整个文献采访工作的主体,采访人员业务水平的高低、对文献内容鉴别水平的高低,往往在一定程度上决定了采选文献的质量,甚至进一步影响到整个图书馆文献资源体系的质量。增强采访人员的业务能力、培养采访人员的职业道德精神,是提升上海图书馆文献采访工作水准、实现藏书深度发展的一种有效途径。

上海图书馆要建立针对采访人员的培训机制,通过组织培训班、部门内业务学习交流等多种方式,培养采访人员的两方面素养:① 工作素养　包括采访人员对出版动态、用户需求与馆藏结构等相关信息的收集能力、文献质量鉴别能力、采访技巧、与代理商的沟通协调能力、用好每一笔采购资金的经济运作能力与风险成本意识等,此外在文献采访工作逐步实现自动化与网络化的今天,还要培养采访人员比较成熟的计算机系统与互联网操作技术、对新事物的认知、接受与适应能力;② 职业素养　包括采访人员的职业道德与责任心、对采访工作规范的严格遵守执行、团队工作精神、遵纪守法的工作态度,从事用户利用型文献采访工作的人员更要树立起"用户需求第一"的精益服务理念。

二、提高决策参与度

在目前的采访工作中,采访人员的工作多数停留于根据供应商提供的书目进行勾选,对于自主参与采访的行为很少,长此以往,文献采访工作将沦为机械的文献勾选行为,采访人员对于自我提升的要求也将逐渐减弱,这将影响到整所图书馆的藏书发展。

因此适当为采访人员提供参与采访决策的机会,例如文献采访政策、采访细则、采访计划的制定、文献采访工作流程的优化等事项,听取采访人员在工作中的意见,提高员工的积极性与参与性,使员工感到自身的价值,能够有归属感与被认同感,自然工作情绪也就会逐渐饱满起来,在有了自主决策的权力后,能够自由地发挥创造性,工作的质量与效率也自然会有所提高。

三、丰富工作形式

管理者可以丰富采访工作的形式,在单纯化的作业中加入有变化的因素,让采访人员走出办公室,与外界多沟通接触,多参加同行的交流会议、各种研讨会议、各种国内外书展等活动,扩大采访人员的眼界,不断补充其学科知识,提高采访水平,消除工作单调的感觉,同时也能提升员工的业务水平与自身的能力,从而提高文献采访工作的质量。

四、建立学科采访馆员制度

目前上海图书馆的文献采访是按文献语种与类型进行划分,包括中文图书采访、外文图书采访(包括英文图书采访及日文、俄文、德文、法文等小语种图书采访)、中文报刊采访、外文报刊采访(包括英文报刊采访及日文、俄文、德文、法文等小语种报刊采访)。从实践工作来看,采访人员的数量有限,往往一人负责多个学科,这对于采访人员的要求很高,需要他们具有丰富的知识面,了解多学科的专业知识,从而选择优秀的文献,尤其是小语种采访人员,更是一人肩负全部学科的采访工作,往往顾此失彼,无法兼顾全面。长此以往,这不仅会加剧采访人员的压力,也不利于完善文献结构与藏书的合理发展。

建议给采访人员一个领域,建立学科采访馆员制度,让采访人员选择某一重点学科进行研究,通过多方调研与分析,掌握某一学科现有馆藏情况,跟踪该学科信息及发展动态,了解读者的需求,并参与制定相应的采选方针,以达到优化重点学科资源建设。

第十五章 上海图书馆文献
剔除工作设想

第一节 构建剔除指标量化体系

一、构建剔除指标量化体系的思想

1. 文献特征决定剔除标准

上海图书馆文献剔除标准的建立便可以基于这种"单件流动"与"拉动"的思想,不是设计一套适用于所有馆藏文献的剔除指标体系,而是将文献按照学科主题、载体类型等标准划分成为若干类型,根据各个类型文献的具体特征为其"度身定做"最合适的剔除指标体系,对文献的流通情况、内容价值等各项剔除指标的权重进行最恰当的配比,并根据最终测算得出的剔除指数来确定某类文献是否需要剔除、需要保留多少复本等。由此,经过剔除处理后该类型文献资源系统依然可以比较稳定地发挥其效用,保证其文献内容高质量以及与用户需求契合度达到最大化。例如,文学、历史、语言类等一些社科类目学科知识稳定,文献价值基本不会随时间流逝而明显老化,因此其剔除指标体系应将过去一段时期内的实际流通情况作为最主要的考量因素,用户需要多少复本就留存多少复本;专业学术类著作所含学科知识新陈代谢较快,其剔除指标体系中就需要提高文献内容价值指标所占比重,着重考察文献自身学术价值、参考价值、史料价值等情况;期刊因其载体的特殊性,要重点考虑其在馆藏结构中的连续性与完整度,如某本创刊年代较早的期刊知识已陈旧老化且乏人利用,但馆内一直续订,为保持期刊品种的连续性,不可贸然剔除。

2. 客观量化

构建精益的剔除指标量化体系,需要依托计算机软件系统设计数学计算公式或模型,量化各项抽象的指标,使剔除工作定量化、客观化、科学化,方便操作,尽可能地减少文献剔除工作人员主观判断选择的成分,减少诸如实际用户需求大、利用价值尚存的文献被误剔,真正乏人问津的文献却依然占据馆藏空间等各类风险情况的发生几率。

文献剔除工作是一项浩大的工程,需要经历撤架、清点、打包、信息注销等一系列复杂漫长的流程,其中要耗费大量的人力、财力、物力与时间。降低剔除工作的风险,也就减少了这些显性的浪费,节省的各项投入能够利用在文献采购、组织、服务等其他文献资源建设工作,获得馆藏文献资源体系质量提升、用户满意度增强等更多隐性的节约。用最小的投入获得最大程度的回报,这是另一种形式的精益管理思想的表现。

需要说明的是,原则上只剔除外观严重损毁的各类保障型文献,以及部分外观严重损毁、内容不健康或有严重错误的中文书刊无须经过具体的剔除指标量化与剔除指数测算便可直接剔除,因此该剔除标准量化体系主要适用于物理形态上没有被划入剔除范围的大部分中文书刊。

二、上海图书馆文献剔除设定指标

1. 文献利用指标

西方文献剔除理论研究第一人、美国图书馆学家斯坦利·J.斯洛特(Stanley J. Slot)在其代表著作《图书馆藏书剔除》中提出要将馆藏利用率作为文献剔除的最主要标准,他认为"我们需要剔除的就是'非核心藏书',利用率仅占1%~5%的藏书"[1],并且通过实际测算、统计分析证实了若将这部分图书予以剔除,仅会对1%的读者需求产生影响[2]。可见根据用户利用率进行文献剔除是科学合理的。

作为用户利用型文献,上海图书馆中文书刊的剔除工作也应将实际的流通情况作为最主要的考量因素,使得用以流通的书刊复本数量能够维持在科学合理的水平,既不会供不应求降低用户对馆藏文献利

---

① 常书智.文献资源建设工作[M].北京:北京图书馆出版社,2000:170-171.

② 赖碧淡.中西学者藏书剔除观点之比较[J].高校图书情报论坛.2006(5):35-37,61.

用的满意度,又不会供大于求造成储存空间与维护成本的浪费。从用户实际需求出发进行文献剔除工作,这是"客户决定最终价值"的精益管理思想的最直接体现,同时也与印度图书馆学家阮冈纳赞"图书是为了使用"观点相一致。

2. 文献内容指标

斯洛特的观点强调了文献的利用价值直接表现在其利用率上,对文献所含知识内容的本身价值并未提及,这一点其实是有失偏颇的。上海图书馆作为地区的文献资源保障中心,应注意入藏文献的质量。即使是主要用于用户间流通的中文书刊,也不能将文献利用指标作为唯一的剔除判断标准,更何况用户使用频率的高低并不一定与其本身的内容价值成正比,尤其是一些学术专著,面向的利用群体比较狭窄,只有部分专业研究人员可以读懂,自然不可能受到人数更为庞大的普通读者的欢迎,但上海图书馆方面显然不能因其利用率低就将其剔除。因此文献本身的内容也是剔除量化指标体系中不可或缺的部分。文献内容指标又可以分为如下几个二级指标:

(1)文献的学术价值、参考价值、史料价值等

通常可以通过文献所含知识的老化程度,即文献的时效性来表现。此外文献的著者与出版机构也可以辅助判断,核心权威出版社、著名学者与国际重要机构出版物一般来说可以保证一定的文献内容质量与知识的存续程度。

(2)文献特色性

即文献的学科领域是否属于上海图书馆馆藏特色与优势,或者是否属于国家级、市级重点学科及与上海地区重大科研攻关项目和支柱产业密切相关的学科领域,是否与上海地区建设发展重点相适应。

(3)文献在馆藏体系中的连续性、完整度

主要针对期刊以及多卷书、丛书、年鉴等具有连续出版物特征的图书资料,该类文献的剔除必须连带考虑相关文献的馆藏情况。

3. 文献可替代性指标

(1)其他载体可替代性

主要是指电子版本与缩微制品版本对于纸质版本文献资源的可替代性。上海图书馆现行文献剔除条例第二章第十一条"期刊剔除原则"

规定："期刊合订本,如上海图书馆馆藏已有全文光盘、缩微制品等载体,则多余纸本可予剔除。"事实上,不仅是电子期刊,上海图书馆因近年来加大了对电子资源的建设力度,正在不断购入电子图书、全文与文摘类数据库等多种形式的电子文献资源,其中就有不少内容是与已收入馆藏的纸质版本文献重复。电子资源具有体积小、容量大、存取方便等多项优点,在内容相同的情况下剔除一部分对应的纸质版本文献资料,无疑是节约馆藏空间的一种有效途径。因此在电子资源蓬勃发展的今天,其对纸质文献资源的替代因素也应该被纳入考量的范围。

不过,由于操作技能、知晓度与普及率等多方面原因,电子资源目前还不是上海图书馆用户群体利用的主要对象。同时,电子资源的收藏还存在着本地镜像版数据库对服务器空间与带宽要求较高、远程登录型数据库受到开发商制约、资源稳定性与安全性不确定等诸多问题,其收藏维护成本并不见得低于纸质资源,电子资源取代纸质资源的时代还远未到来,因此目前电子资源可替代性指标在整个剔除指标体系中所占的比重应该是有限的。已有电子版本的书刊不能简单剔除其纸质版本,必须综合考虑电子版本实际的使用情况、用户对某类文献的实际利用习惯与使用偏好以及未来电子版本文献在容量、使用方式、维护成本等多方面的发展趋势。

（2）文献内容重复度

主要体现在版本方面。例如文学名著早期版本通常具有较高价值并且现在很难再次采购到,即使内容完全一致,也要注意对早期版本的留存,不可轻易剔除,因此该项指标基本不用考虑;一些科技普及类图书的修订版、新版往往多体现在装帧形式等外在方面,实际内容多与旧版本有大篇幅重复,旧版本完全可以被新版本所替代,因此此类文献在权重配比时要适当提高内容重复度指标的比例。除以上三项指标,还可以设立一些辅助性的参考指标,例如:文献价格,单价较高的文献因前期资金投入较可观,被列入拟剔除范围后需要仔细斟酌;地区资源共享程度,某品种文献在共建共享资源体系内的多个成员机构内有多个馆藏复本,并且成员机构之间的馆际互借利用渠道是非常畅通便捷的,那么本馆便可以适当减少复本的留存量。

4. 分配比重

根据某类型文献具体的学科主题领域、载体形态等特征,人为地对各项剔除指标比重进行最合适的分配。这项工作可以邀请相关学科领域的专家学者参与进行,确保分配的科学合理性。例如,上文已提到的文学名著的剔除要以用户需求为主要参考标准,其所含知识信息基本不会老化,早期版本反而具有历史价值,因此也不用考虑新老版本内容重复的问题,不过需要考察一下馆内是否已经购买了电子版本的图书,用户对电子书的利用情况如何。又如,TQ 大类化工类期刊属于上海图书馆馆藏重点与优势的学科领域,学科特色性与馆藏连续性完整度这两项二级指标的比重需提高,同时相应降低其利用率与文献知识老化程度指标。这是因为馆藏特色文献的收藏需要体现出一定的历史传承性,比较完整地呈现出该领域知识研究、技术应用等各方面的历史进程,即使用户利用率很低,或者出版年代较早的文献中所蕴含的一部分知识已陈旧过时,也应当给予必要的保留,体现馆藏体系的完整度与连续性。

各项剔除指标因素的比重分配并不是一成不变的,应根据文献的实际情况作出相应调整。例如,馆藏特色与重点有所变动,新增加的特色馆藏学科文献的剔除标准就应随之增加学科特色性指标的比重;又如,学科的知识老化程度会在一定程度上与其所处的研究发展阶段有关,新兴学科的原始文献较少,这时的学科文献数量会呈指数增长,文献的老化速率较快;随着学科研究的深入和学科发展进入相对成熟阶段后,学科文献的增长就不再继续保持原有的指数增长态势,文献的老化程度就会放缓[1]。这就要求馆员联合相关学科领域专家学者对学科的普遍研究状态进行深入调研与准确把握,权衡指标配比。

5. 指标测算

分配好各项剔除指标比重后,就要进行具体的数值测算,对文献利用指标、内容指标等容易量化的指标借助一些文献计量学的数学统计工具赋值,不易量化的可替代性指标、价格指标等采用人为赋值等方式,尽量将各项指标可转化为比较直观的数值。

---

① 徐恩元,徐建华. 文献老化理论研究[J]. 四川图书馆学报,2006(6): 63-67.

一般来说,文献利用指标可以用文献的滞架时限或流通数据来表示。滞架时限顾名思义,即某品种在两次流通之间滞留在书架上并未被利用的时间长度,调取 Horizonx 系统中两次借阅的时间进行比对的方法比较耗时耗力,建议可以开发专门的文献滞架时限统计软件;流通数据即文献的外借与阅览次数,其中普通阅览因不需要读者证便可实现,因此其数值比较难以统计,建议除了采用常规的人工登记方式,还可依托目前已在馆内应用比较成熟的 RFID 技术,探索新的阅览次数统计方式,例如读者从书架中抽取某本文献超过一定时长即认为生成一次有效的阅览,在准备剔除文献时,从 RFID 数据库中调取其被阅次数,使之成为判断文献受欢迎程度的有效辅助手段。

在内容指标方面,前人为我们提供了比较丰富且有用的量化测算手段,著名的有：文献半衰期,即某学科(专业)被利用的全部文献中较新的一半是在多长一段时间内发表的;普赖斯指数,即某一个知识领域内对年限不超过 5 年的文献的引文数量与引文总量之比;期刊剩余价值有益论,即将某一年份某一期刊被用户所利用的文献数被称为期刊有益性,经过若干年后,期刊还保留的有益性即剩余有益性,是期刊老化程度的一种量度①。

6. 剔除指数打分

将测算得出的各项指标值应用至事先设定好的计算公式或模型,最终计算出待剔除文献的剔除指数。这一剔除指数至少具有三部分功用：

(1) 文献剔除操作选择依据

即拟剔除文献可以直接剔除,还是需要提交上级管理工作小组与主管领导讨论斟酌,或是应该暂不剔除等。

(2) 剔除复本数的选择依据

例如设定剔除指数与应剔除的复本数成反比,指数越高,应剔除的复本数越少。

(3) 开架借阅的书刊转入剔除流程的年限界定依据

---

① 蔡晓丽. 基于文献老化量化标准的图书馆书刊剔旧工作研究[J]. 科技情报开发与经济,2010(20)：37 - 39.

例如设定剔除指数与剔除年限成正比,剔除指数越高,说明该类文献用户利用率高且自身知识老化速度比较慢,可以适当延长其开架借阅的年限。

第二节　文献剔除后续处理

建立虚拟"剔除文献信息中心",实现对剔除文献的精益后续处理,最关键的是建立起一个大容量的剔除文献书目信息数据发布平台,将上海图书馆目前使用的剔除文献书目数据库中的信息导入至该平台,将上载的书目数据按照学科主题、出版年代、著者、载体形态等多种标准进行类别划分,方便参与机构与平台管理人员的检索查阅,同时注意外观严重破损作报废处理的文献信息不包括在内。

虚拟"剔除文献信息中心"的成员机构,应包含参与上海地区文献资源共建共享协作工程的各类公共图书馆、高校图书馆、企业与专业科研机构的图情部门,还应继续将范围拓宽至全国、全球的图情机构,以及跨领域的学校、博物馆、档案馆等。

成员机构可以随时检索浏览发布在平台上的上海图书馆剔除文献的书目信息,有需求的可以与上海图书馆方面取得联系,协商选择移交文献的品种、数量、传递方式,包括低价收购、交换、赠予等。随着信息中心工程建设的推进,上海图书馆还可以开发软件系统,将登记的成员机构信息(包括机构属性、馆藏范围、馆藏特色、历次文献接收记录等)与平台中的书目数据进行自动匹配,并主动与对应机构联系,主动为剔除文献寻找适宜其二次价值开发的接收机构,促进其有效流动。

剔除书目信息发布平台还应与 ipac 平台实现对接,上海图书馆的用户可以比较方便快捷地检索到这些已被剔除的文献的信息并且定位到其去向,当用户提出再次利用需求时,上海图书馆应与文献接收单位联系资源共享事宜。由于文献剔除工作本身存在不确定性,文献剔除量化指标体系的运用只能做到尽可能减少高利用率、高价值文献被误剔等风险情况的发生,但并不能完全保证剔除文献完全失去了用户需求,也不能保证文献将来就不会有用户利用,帮助用户再次利用被剔除文献是顺应长尾时代的一种做法,体现了"以备不时之需"的观念。

第三节　文献剔除管理

　　根据上海图书馆现行文献剔除管理规定叙述,上海图书馆目前的文献剔除工作组织分工情况如下:业务处是负责组织拟定(修订)馆所藏书剔除制度和工作计划,指导、协调、检查和督促馆所藏书剔除制度的执行和工作计划的实施;行政处负责剔除藏书的国资申报,办理剔除藏书的国资注销手续;财务处是负责办理剔除藏书账务的注销手续和账务调整;读者服务中心为藏书剔除工作的实施部门,负责按计划组织藏书的剔除工作。此外,还由业务处牵头成立由读者服务部门领导、阅览室管理人员、书库管理人员、参考咨询人员、书刊采访人员组成的藏书剔除小组,专门负责制定(修订)馆所藏书剔除制度、拟定详细的剔除工作计划。

　　目前的文献剔除管理体系做到了职责明确,分工合理,对于有序推进文献剔除工作起到了积极作用。如果进一步运用精益管理思想审视该管理体系,还应加强贯通各业务中心、部门与职能处室的沟通机制的建设,以实现文献剔除工作的柔性管理与全员参与的精益管理格局的形成。

一、柔性管理

　　上海图书馆文献剔除管理工作可以采用准时、按需的柔性管理思想,由最接近文献与用户的书库管理人员及流通服务人员担当剔除指令发出角色。当书库管理人员发现某书库容量不够、闲置书架周转困难,流通服务人员清点文献时发现某些文献长期无人利用,便可向剔除工作小组提出文献剔除申请,工作小组应将其作为下一阶段文献剔除计划拟定的重要参考依据。这样做的好处是文献剔除工作不是死板地按照年度或季度事先定下的计划按部就班地进行,而是根据书库容量与文献的利用等实际情况柔性地开展。因为事先定好的计划必然无法做到全面准确地预估将来可能发生的各种因素,根据一线人员的指令灵活调整剔除计划，加急或放缓剔除工作的节奏，可以使文献剔除工作尽量做到在最需要的时候进行，达到节省成本的目的。

二、全员参与

文献剔除工作可以帮助检验采购文献的实际需求程度和真实的利用价值，因此该项工作不是割裂地单独进行的，而是要与馆藏文献的采集、整合组织、传递服务等一系列资源建设发展工作有机融合，作为其中的一个环节，成为其他业务工作有序稳定开展的重要辅助手段。文献剔除工作的开展也不仅是读者服务中心典藏部门的职责，而是需要流通部门、采编中心、系统网络中心等多个业务中心与部门的联合参与，形成全员参与、共同改进的管理格局。

各业务中心与部门联合参与文献剔除工作的关键，是依托沟通机制，实现中心与中心、部门与部门之间的密切协调配合。例如，在对文献进行剔除指标打分测算过程中，发现一些近几年采购的文献存在长期零借阅的情况，剔除工作小组便可召集采编中心负责人、相关文献的采购与编目人员，以及流通部门，共同分析零利用究竟是因对用户需求与文献内容价值估计失误而导致的采购不当，还是文献实际符合用户需求，但在编目加工、验收上架或是布局等工序中出现了差错。找到内在缘由，才能有的放矢地提出改进方案。

反过来，如果发现某品种文献用于流通的复本数量大大超出了用户的实际需求，长期处于供大于求的状态，联通机制便可联系采编中心负责人与采购人员，协商探讨是否可以在今后相似品种文献的采购工作中酌情减少购入复本的数量，一方面节省不必要的采购资金支出，一方面从源头杜绝多余复本进入馆藏体系，也能间接减轻几年之后剔除工作的负担，改被动为主动。

又如，馆内已购买了某期刊合订本的全文光盘，原本计划剔除一部分纸质版本以释放馆藏空间，但实际调研发现该光盘数据库点击下载量很低，由此不能贸然剔除纸质版本。沟通机制便可与系统网络中心与读者服务中心电子资源传递服务相关岗位人员联系，探讨如何通过加强宣传推广与用户指导等方式提高电子期刊的利用率。

第十六章　上海图书馆古籍
保护设想

自建馆以来,上海图书馆始终"保护文化遗产、弘扬民族文化"为使命,致力于对古籍保护的理论与技术的研究开发以及利用传承,不仅在善本、稿抄本、家谱、近代文献等各类古籍的收藏上形成了一定规模与特色,还抢救修复了一大批珍贵的历史文献,制作了《盛宣怀档案》《字林西报》等诸多历史文献的全文数据库,实现了馆藏古籍文物价值、学术价值与社会价值的深度开发;此外,上海图书馆充分发挥上海市古籍保护中心的职能,与地区各家古籍收藏单位携手,共同推进古籍保护工程的建设。

尽管上海图书馆的古籍保护工作已取得了丰硕成果,但必须认识到,迄今为止依然有大量的馆藏古籍等待修复,古籍数字化转换覆盖的广度与深度还不够,高质量的古籍保护专业人才梯队尚未完全建立,古籍保护的社会宣传工作还需进一步加强。今后上海图书馆应针对上述不足,建立起完善的古籍保护统筹运行机制、技术保障机制、人才培养机制与社会宣传机制,全方位地促进馆藏古籍保护工作的良性与长效发展。

第一节　古籍保护统筹运行机制

上海图书馆古籍保护统筹运行机制主要负责上海图书馆古籍保护工作计划的整体统筹安排与具体落实,并对工作的实际开展效果进行检验评估,是整个古籍保护工作系统中最重要的机制。

一、开展古籍普查

开展上海图书馆馆藏古籍普查工作,有利于摸清家底,掌握古籍保护工作进展全貌,并为进一步制定具体的保护方案与计划、为不同类型古籍选择恰当的保护方式、对重点保护项目集中投入资金、选取珍本善本申报市级与国家级的珍贵古籍名录等一系列后续工作提供有价值的参考依据。可以说,开展古籍普查是高效地推进古籍保护工作的基础,也是所有工作的第一步。

开展古籍普查工作,尽可能地将上海图书馆庞大的馆藏古籍体系用简洁明了的数字与文字表述呈现出来,为繁杂的古籍保护工作理出一条清晰的脉络。具体操作方面,上海图书馆应组织古籍资产清查工作组,对本馆以及几个外围书库内入藏的古籍进行查库清点,并将目前馆内已建成的各类馆藏古籍书目数据库(例如"馆藏家谱书目数据库"、"馆藏善本古籍数据库"等)进行汇总与完善,在此基础上建立一个完整的上海图书馆馆藏古籍信息集合。该信息集合至少要涵盖以下三部分内容:

① 所有正式入藏的古籍分为已清点与未清点、已整理与未整理、已编目与未编目、已上架与未上架等几个大类,以展现古籍保护工作的整体进展程度。

② 古籍特征要记录完整,包括古籍的数量(品种数、册数、拍数等)、形态(装帧形式、版本等)、主要记载内容、破损程度、分布地点、历次修复与再生技术处理记录等。

③ 依据国家制定的《古籍定级标准》《古籍特藏破损定级标准》等相关业界标准规范,对馆藏古籍进行定级分类,确定濒危古籍、珍贵古籍与普通古籍三个层次,方便分清不同古籍保护工作实施的轻重缓急。

馆藏古籍普查工作应定期深入地进行,可以专设数据维护岗位,对出现变更的内容及时更新,使馆藏古籍信息集合可以始终处于一个动态的变化过程,能够实时反映古籍推进工作的最新情况,保证信息的高参考价值。

二、选择古籍保护方式

古籍自传世起,不可避免地会受到自然的侵蚀与人为的损坏,选择合理有效的古籍保护方式,尽可能地使古籍留存于世,继续发挥其历史文化传承的功能,这是整个古籍保护工作的核心所在。上海图书馆应在掌握馆藏古籍普查信息的基础上，根据精益原则，有针对性地为不同种类的古籍选择最恰当、最高效、最经济的保护手段，并确定古籍保护的优先层级。

古籍保护方式可以分为三种：第一种也是最基本的一种是将古籍妥善保管于专用的库房，并安装恒温、恒湿、防火、防光、防虫害等多个实控监测系统，以延缓或防止古籍纸张的脆化、腐蚀、虫蛀等，属于预防性保护范畴；第二种是古籍的载体修复，也就是对古籍破损的部分进行修补、加固、复原，另外还包括装裱、拓片、函套制作等；第三种则是随着现代技术与数字化手段成熟发展而逐渐成为业界主流的古籍再生性保护，也就是将古籍内容复制或转移到缩微胶片、影印本、数据库等其他载体，并代替原件流通，在实现古籍原件长期保存的同时较好地解决了古籍"藏"与"用"的矛盾。

上海图书馆在具体选择古籍保护手段、确定古籍保护优先等级时，可将以下几个方面作为判断的依据：

（1）古籍的特征，包括古籍的装帧形式、古籍的版本、古籍记载的内容等，借此可以评判古籍内含的史料价值、学术价值、艺术价值与文物价值等；

（2）古籍破损程度，包括古籍纸张的脆化、积露、结饼、腐蚀情况等；

（3）古籍利用，也就是古籍的社会需求程度；

（4）古籍保护成本：包括投入到古籍保存环境改善、修复与再生处理等各项工程的资金、人力与时间成本等。

举例来说，破损严重急需抢救性修复、同时版本与史料价值较高的古籍应优先进行修复，破损程度一般的普通古籍可以暂缓进行抢救性修复，只加强保存书库的日常管理或做一些简单的修补；用户需求较多、反馈意见与利用比较集中的古籍，如家谱、旧报纸、民国文献、经典历史名著等，优先进行图像扫描制作发行影印本或数据库，以尽早提供用户使用；对于用户使用频繁的经典型古籍，如《二十四史》等，在全文数据转换时，可以采用键盘输入的方式，一是加快数据转换效率，二是使输入的文字都可方便地进行统计、编辑与检索，三是需要用到的现代化技术与设备较少，可节省资金投入；至于珍贵的善本，通常只有专业从事古文献研究的学者需要利用,并且基本都要求能够查阅到原始版本,因此需最大限度地保持善本的原始性与真实性,采用翻拍或扫描的方式完成全文数字化的制作。

总而言之,上海图书馆应综合多方面因素,选择合理的古籍保护方式,恰当地分配古籍保护的先后顺序,确保各项投入获得比较高的产出。

三、建立质量评估体系

上海图书馆应集合馆内外经验丰富的专家学者组成工作组,定期对馆藏古籍的保护工作进行质量评估,找出其中的薄弱环节并提出可行的解决方案。

1. 古籍保存质量评估

对于古籍保存质量的评估的主要依据是中国文化行业标准《图书馆古籍特藏书库基本要求》(WH\T 24—2006),以及上海图书馆在此基础上结合本馆实情,制定的一系列古籍保存相关规章制度,例如《上海图书馆古籍普通本书库图书保护制度》等。评估的主要内容为古籍保存的环境是否达到了行业规定的标准,包括古籍特藏书库的温湿度、空气净化、光照和防紫外线以及书库的建筑、消防、安防等与文献保护和安全相关的基本条件[①]等;以及评估各项规章制度的落实情况与执行效果。

(1) 验收数据

上海图书馆的古籍书库已全面安装了自动控制监测系统,因此可以较为便捷地通过回收各类监测、记录与管理数据来检验各系统设备是否运转正常,例如书库温度是否常年控制在 14~22℃(±2℃),相对湿度控制在 50%~60%(±5%)[②]。

(2) 检查规章制度落实情况

包括:古籍的防潮、除尘、除灰、除虫害等环境优化工作是否按要求定期开展;其他中心、部门、科室的馆员出入库房时,管理员是否按规

---

① 王晓庆.浅论公共图书馆古籍文献的保护与利用[J].科技情报开发与经济,2013(3):12-14.

② 《上海图书馆古籍普通本书库图书保护制度》(2004 年).

定做好两次登记；古籍在移库时是否严格遵循交接验收流程，由双方确认签字并做好详细记录；古籍保护的防火、防水、防盗等多项灾害应急预案是否发挥了实际效果，是否定期进行应急模拟训练等。

2. 古籍修复与再生质量评估

（1）修复质量

古籍修复质量评估的主要依据有中国文化行业标准《古籍修复技术规范与质量要求》（GB/T 21712—2008）等，评估内容包括古籍的修复技术是否达到行业标准，有否做到"整旧如旧"；"纸张检测—选择修复方式—修复—验收"等各道工序是否齐备并且衔接流畅；古籍修复的建档记录是否完整以确保日后有据可查等。

（2）再生质量

古籍再生质量评估的最重要的一项内容，是经过影印、缩微、翻拍、扫描等各种载体转换后的古籍成像质量，也就是古籍原件呈现的清晰度。如果是制作数据库，还要依据《古籍著录规则》（GB/T 3792. 7—2008），从版本、年代、字体、著者、内容提要等多方面检查古籍信息提取的深度、著录的完整度与准确性。此外，进行再生技术处理后的古籍都要编制一套提供馆员与用户利用的目录索引，此目录索引是否做到了信息收录完全，具备高度指向性，检索途径丰富等，也要成为质量评估的重点。

第二节　古籍保护技术保障机制

现代化的古籍保护工作需要大量先进技术作为支撑。古籍保存需要特藏书库安装恒温恒湿等自动监控系统，确保保存环境能够延长脆弱古籍的使用寿命，同时减轻人为管理的压力；古籍修复需要传统手工技艺与现代修复设备相结合，逐步实现古籍修复的机械化、自动化与高效化；古籍的再生更是需要依靠仪器扫描、数码成像、计算机数据生成与整理等诸多电子信息技术才能实现载体的转换。上海图书馆应建立起完善的技术保障机制，为馆藏古籍的保护工作注入新的活力。

一、成立古籍保护技术研发中心

上海图书馆要在现有的文献保护研究室、文献保护修复部、古籍修复抢救室、古籍保护实验室的基础上，成立古籍保护技术研发中心，形成强大的技术研发团队，并下设古籍保存书库环境优化、古籍修复、古籍再生等多个分支岗位，全面提高本馆的古籍保护技术研发能力。馆领导应确保每年都能拨出专项经费用以技术研发中心的运作，为研发中心开展调研、交流、试验检测等各项活动提供政策上的支持。

技术研发中心的主要职责包括：

1. 调研

通过业界交流、学术研讨、访问调查等多种途径，广泛深入地调研国内外古籍保护工作的现状，跟踪古籍保护前沿技术与高新设备的研发、生产与销售动态，并研究新技术与新设备在上海图书馆馆内的适用性。

2. 研发

进行各项古籍保护技术的基础研究和实验检验工作，例如古籍用纸的加固、去酸、防霉、防虫等修复技术的改进，古籍保存书库恒温、恒湿、防光、防火、过滤、消毒等各种自动化监测控制系统的完善，古籍在进行全文数据转换后其光盘或软件的长期存取技术等。此外，技术研发中心还要在国家颁布的古籍保护标准的基础上，继续研究制定符合上海图书馆实情的各项标准，为科学开展与评估古籍保护工作提供有用依据。

3. 改进

技术研发中心内应有专门人员与服务部门保持联络，收集、分析用户对古籍的利用情况，根据用户反馈的问题对技术、设备等进行改进。

二、加强设备系统维护

1. 设立维护岗位

上海图书馆要设立专门的古籍保护设备维护岗位，该岗位人员主要负责馆内各种古籍保护设备与系统的定期检查、数据分析、评估与维修工作，包括库房监控管理装置、古籍修复机械化设备、古籍扫描与成像仪器、提供古籍数字化转换成果流通利用的计算机服务器等。对于老化达到一定程度的设备系统,及时向上级部门提出更换申请。

2. 制定应急方案

上海图书馆要制定全面详细的设备系统故障应急处置方案,并定期进行模拟演练,提升古籍保护工作的突发事件应急能力,确保设备系统发生故障时原有的古籍保护工作能尽可能地维持正常运行。

第三节　古籍保护人才培养机制

人才是做好古籍保护工作的关键,但目前许多古籍收藏单位共同面临着古籍保护专业人才匮乏、整体年龄结构偏大、后继乏人的难题。上海图书馆一直以来比较重视古籍保护专业人才的选拔与培训工作,通过派送馆员参加中国国际古籍保护中心举办的古籍普查、鉴定、修复等各类专门培训班等方式,在提高古籍保护岗位在职人员的工作能力和业务水平方面取得了一定成效,但依然尚未建立起一支年龄结构合理、新老交替顺畅、知识储备丰富、业务技能过硬的古籍保护专业人才队伍。同时,整个上海地区享有的古籍保护专业人才资源也尚未获得充分的开发与机构间的流动。在今后的人才培养工作中,上海图书馆应从加强人本管理与地区人才共建两方面进行改进。

一、人员管理

一方面,要充分尊重馆员的主观能动性,引导馆员根据自己的兴趣或实际存在的不足,主动选择古籍保护培训的具体内容与途径,将原有的馆员被动接受培训转变成为馆员主动要求学习的格局。例如,当馆员掌握了基本的古籍修复技能,提高了自己的动手能力后,希望能够进一步提升自己的文化素养与古籍鉴赏水平,积累一些版本学、史料学、古汉语等领域的理论知识,便可提出申请,由上海图书馆出面与开设此类课程的高校或机构联络,准许馆员在工作或课余时间前去旁听。

另一方面,上海图书馆也要通过考核测评等方式对古籍保护工作岗位工作人员的业务水平、专业素养、操作技能等各方面能力做一个全面细致的评估,在此基础上有针对性地开展培训工作。例如,经过评估,发现一些新进的岗位员工在古籍书目数据的编制方面还比较薄弱,从大量信息中撷取有用部分并进行深层次的分析、研究与加工能力还有所欠缺,对此可以安排馆内资深古籍编目人员一对一带教,或是邀请馆外古籍编目专家来馆授课,以此提高新员工的数据编制能力。

二、人才共建

上海地区古籍保护人才共建工作的主要问题并不在于人才匮乏,而在于人才分布不均,一些高等院校、专业机构与社会团体内部享有的技术人员、专家学者等许多人才资源并未在地区范围内获得充分开发与流动。针对这一问题,上海图书馆要在政府主管部门的指导下,发挥上海地区古籍保护中心主要协调机构的优势,与本市各家古籍收藏机构合作开展人才资源建设工作。

1. 人才联合培养

古籍保护工作涉及多门学科,除了直接相关的图书馆学、目录学、版本学、古典文献学、古汉语学、编辑出版学等,还有间接相关的化学、生物学、书画装帧、信息技术与管理、计算机软件编程等。从古籍保护人才培养工程的长远角度考虑,上海图书馆可以与开设了以上专业的高校联系,从中选拔对古籍保护工作有兴趣、有潜力的学生,建立地区专业人才储备信息库,进行定点定向培养。上海图书馆与其他古籍收藏单位可以组织储备人才参加古籍保护知识与技能普及培训课程,参加实践学习与挂职锻炼等。此外,还可与教育部门联系,协商在高校直接开设古籍保护相关专业或课程,或在高等、中等职业学校开设古籍修复技能培训课程,确保地区古籍保护工程后继有人。

2. 网络平台建设

在互联网成为主要信息传递交流媒介的今天,上海图书馆应加强上海地区古籍保护工作网络交流平台建设。网络平台至少要发挥以下两方面作用:① 在古籍保护方面具有优势的一些机构(如档案馆、博物馆)的专家学者可以通过网络平台对其他单位的古籍普查、修复、再生、库房改造等一系列课题任务提供跟踪服务,了解课题的研究进展,并提出有用的指导意见;② 各单位的相关岗位工作人员可以通过网络平台交流研讨工作经验,共享前沿知识资讯,共同提升古籍保护业务能力。

第四节　古籍保护社会宣传机制

一、探索宣传形式

上海图书馆在开展古籍保护社会宣传工作时,开拓思路,创新思维,针对不同类型用户的实际特征,选取不同的普及宣传活动形式,以提高宣传效率,提升宣传深度。

例如,考虑到中青年用户在日常生活中大多习惯从互联网获取信息,上海图书馆可以通过网络平台向该类用户普及古籍知识,包括开发方便查询上海图书馆馆藏古籍书目、介绍古籍鉴赏知识的 APP 软件,提供用户下载到智能手机与平板电脑客户端,或是举办网上古籍知识讲座、网上古籍保护知识竞赛等;针对青少年群体的成长特点,可以编写出版形象生动、图文并茂、浅显易懂的古籍知识科普读物,或制作 Flash 短片、游戏软件等,并与市少儿图书馆、各区县的少儿图书馆分馆以及学校、社区合作,对科普读物与软件进行推广,激发广大少年儿童学习了解祖国优秀文化的热情。

二、丰富宣传内容

之所以至今为止古籍还是一小部分研究人员的专利,大部分公众依然对古籍敬而远之,很大一部分原因是因为古籍自身的特殊属性,要求阅读与使用者具备相当的文言功底与文化素养。为了帮助更多的社会公众提高古籍鉴赏水平,提升古籍阅读兴趣,上海图书馆有必要丰富古籍知识普及与宣传的内容,通过开设讲座、发放说明手册或制作专题片等各种方法,讲解文言文、书法字形、装帧艺术、断句方法等一些利用古籍必备的基础知识与技能。

此外,上海图书馆还要把古籍利用制度纳入社会宣传的内容体系,包括用户在出入古籍阅览室时携带物品的限制,在翻阅、翻拍或复印古籍时的注意事项、国家与地区制定的相关法律条款等,由此提高用户对于古籍的保护意识,让用户共同参与到古籍的保护工作中去。

三、选择目标用户

除了专业的古籍研究人员,还有一部分社会公众可能对上海图书馆的馆藏古籍有需求,包括沪上高等院校古汉语、古典文献学等专业的师生;希望通过上海图书馆收藏齐全的家谱体系追根溯源的归国老华侨;民间的私人古籍收藏家等。上海图书馆应对此类馆藏古籍的潜在用户的特征与需要进行分析,有的放矢地开展宣传活动,并积极主动地提供古籍利用服务,进而提高馆藏古籍的社会利用效益。例如,可以组织高校师生参观上海图书馆古籍修复工作现场;与市侨联联系,专门为归国华侨开设家谱普及知识讲座;面向民间古籍收藏家举办古籍鉴定、欣赏活动,并提供私人收藏古籍修复服务等。

第十七章 信息环境下的上海图书馆
藏书发展设想

第一节 藏书发展的基础设施建设

信息化环境下要发展好上海图书馆的数字资源建设,首先要打好基础设施建设的根基。传统图书馆的基础设施建设主要是指场地设施建设等物理空间的准备,而信息化环境下的图书馆的基础设施建设除了传统的准备外,还包括一些其他重要的软、硬件设施。其中,硬件设施主要是指图书馆自动化、数字化和提供各种信息服务的机器及设备,如网络服务器、大容量存储、备份和交换设备等。硬件设施是软件系统的载体,也是数字资源保存和提供服务的基础保障。软件设施则主要指一些数字资源管理的新型应用系统及基础平台,如智能化搜索引擎、图书馆自动化平台和数字化平台等。

上海图书馆在信息化环境的发展下,已经具备了一定的基础设施建设成果,但还必须进一步加大对数字资源的各种软、硬件的投入,不断更新,紧跟时代的步伐,只有基础设施建设的根基扎实坚固、与时俱进,才能从根本上保障数字化资源的发展和建设。此外,藏书发展建设的最终目的是能够为读者提供最好的服务,满足读者的需求,所以基础设施建设还应从读者的角度来考虑,一切以读者方便、易用为出发点,尤其应该注重软件技术对数字资源的全方位检索与查询功能上,尽可能发挥出数字资源的最大功效。

第二节 藏书发展的数字资源建设

在数字化环境下上海图书馆的藏书发展规划中,前期的基础设施建设只是为整个藏书目标的实现所具备的必要基础条件,而整个藏书发展规划中的重点部分则是数字资源的建设。在数字资源建设中,应当重点考虑的要素主要有:明确数字资源建设方向和阶段目标、完善数字资源采访政策、注重数字资源数据库的建设与保存、数字资源的共建共享、特色馆藏数字化资源建设等。

一、明确数字资源建设的方向和阶段目标

明确数字资源建设方向是整个建设过程中首当其冲的任务,它能够使我们有规划、有目的性地去建设数字资源。随着时代的进步和人本主义精神的发扬,上海图书馆要逐渐适应从"书本位"到"人本位"的转型发展,相应的,数字资源建设的大方向也必须以读者的需求为导向,最终目标是能够最大限度地满足读者的需求,具体分目标可以考虑如下:一是大力丰富馆藏数字资源,建立和完善各种书目数据库,在资源种类、数量上居于全国图书馆前列;二是加强网络信息、数字资源的收集加工、深层次开发和综合利用;三是充分发挥本馆特色,进行特色馆藏文献资源数字化处理,逐步形成一个完善的特色馆藏数字资源体系;四是进一步推动数字资源共建共享进程等。

数字资源建设是一个长期的重大任务,要兼顾长远规划和近期目标的实现,因此必须在制定建设大方向的同时,针对每一个时期下的不同情况建立短期的阶段目标,避免整体建设的盲目性、无序性。比如在数字资源建设前期要注重调研分析,尤其是必须对读者需求进行数据调查,对数字资源针对的读者群体的构成、特点、需求等形成一个清晰的了解和分析,将数字资源建设方向和阶段目标建立在调查结果之上等;在数字资源建设中期要注重对资源数量、种类和质量的把关,尤其避免资源的重复建设和浪费等;在数字资源建设的中后期要注重形成馆藏数字资源特色,加大共建共享力度等,进一步提高整体建设的成效和质量等。阶段目标也应分为数个可量化的具体目标去操作和实现,从而在整体上有效地推动整个数字资源建设的进程。

二、完善数字资源采访政策

数字资源建设方向和目标的明确能为采访方针的调整作出参考,

而采访政策的制定和调整也能为后续的一系列操作给予指导和保障。数字资源建设中势必会涉及新型资源的采购配置环节，对此应当分析得出在有限的资金范围内最佳的文献结构比例，采访政策也应做好相应的调整，具体调整内容可以考虑以下几个层面：一是合理调整各种文献资源的结构比例，注重逐步合理加大数字资源的比重，开发利用好电子文献的优势；二是制定选择各种中外文数据库的标准与原则，并定期进行更新，保持政策内容的合理性；三是关注新环境下学科结构的变化，对需求量日益增加的重点学科加大采访力度；四是充分利用文献资源共建共享的途径来获取一些利用率不很高的文献。

三、注重数字资源数据库的建设与保存

完善馆藏资源，尤其是可以针对那些统计中利用率不高的文献资源。数字资源数据库的建设与保存是数字资源建设的重要部分，主要包含对数字资源数据库的资源建设、组织管理和长期保存等操作。数字资源类型涵盖文本、图片、音频、视频、网络资源等。数据库类型包括书目数据库、全文数据库、电子图书、特色馆藏数据库等。首先，数据库的资源建设是指通过自建、购买、共享等方式拥有或获取数据库资源。其次，数字库的组织管理是指对数据库进行数据管理、调度、安全保护、权限控制、更新维护等操作。其中，必须注重做好数字资源的安全保护工作，防止用户非法使用、破坏数据，造成数据被窃取、修改、系统瘫痪等损失。最后，数据库的长期保存是指对数据资源进行存储、永久保存、异地备份、数据迁移等操作。数字资源数据库的建设与保存操作步骤大都涉及业务层面、技术层面、管理层面等多层面的较为综合性、技术性的问题，人才建设在这个环节起到了很重要的作用。

四、推进数字资源共建共享工程建设

进入数字化时代以来，上海图书馆一直相当重视文献资源的共建共享工程建设，目前已经开发实现了多个功能，如联机合作编目、公共检索、馆际互借、文献传递、数字资源共享等，但还需要进一步去推进和完善。一是要完善各项相关规则的细节，比如对联合编目数据库，要进一步加强统一的标准工作，尤其是针对光盘、数据库等新的文献类型，

要完善和明确各项编目细则。二是通过定期召开成员会议等方式,听取一些目前开发使用中的不足之处,针对性地实施改善措施,以更好地进行资源共享。三是要在各共享单位之间建立起一个完善且统一的协调模式,分配协调好各单位之间的权利义务,这是使文献得以更好地共享的主要前提之一。四是探索进一步扩大数字文献资源的共享范围和共享渠道,为更多的用户提供更有效的服务。

五、坚持特色馆藏数字化资源建设

为了最大限度地利用好藏书建设和共建共享工程,信息化环境下的图书馆之间要通过协调分工,根据本馆自身情况确立特色馆藏,有计划、有针对性地去开展收藏,避免藏书资源的浪费,节约人力和经费,优化馆藏文献资源。上海图书馆在特色馆藏数字化资源建设中,一是要继续加大收藏力度,包括上海地方文献、与城市地区建设发展密切相关的学科文献、重要的特种文献以及珍贵的古籍善本、家谱、名人手稿等历史文献等特色馆藏,要有针对性地去采选收藏和管理,进一步形成特色馆藏体系。二是要将现有的特色馆藏资源进行一个系统的整理,再通过文献数字化技术加工为数字资源,形成一个有序的特色馆藏数字资源库,并通过互联网向全球提供共享服务。特色馆藏建设是一个连续性收藏积累的过程,必须坚持对特色藏书进行连续性地收藏,才能形成一个系统而完善的特色文献体系。

第三节　藏书发展的服务拓展

一、加强图书馆软环境的建设和发展

信息化环境下的图书馆服务,除了倚靠数字资源的数量和质量之外,软环境建设的重要性也不容忽视。所谓软环境建设主要涵盖了图书馆精神、人文建设、服务与管理、职业道德与继续教育等内容。软环境建设的好坏可以让读者直接感受到完全不同的阅读体验。数字化时代环境下,上海图书馆不仅要转变服务理念,强化"人本位"的服务观,还要转变服务方式和管理方式,变单一型服务为多样化服务,变封闭型服务为开放型服务，相应的管理层面也更为复杂和多类型，要理顺新的管理层次和体系，更要不断加强服务与管理的创新，及时了解、学习和吸收图情事业的最新发展动向和最先进的信息技术，学习科技创新的新思想、新方法、新模式，建设出使用户愈加满意的图书馆软环境。

二、加大员工数字化技能培训和再教育

信息化环境下的上海图书馆建设，集合了多项现代信息技术，比如信息采集和格式转换技术、网络技术、信息检索技术、数据库技术、信息安全技术等，技术型人才的教育和培养愈加凸显出其重要性来。另一方面，馆藏对象、采访方式、管理模式、服务渠道等多方面的变化，也都对上海图书馆馆员的业务和素质能力提出了更高的要求。为此，一是要注意加强对既懂技术，又具有深厚文化底蕴的复合型的信息化人才的发现和培养。二是要注重对人员进行定期的培训和再教育工作，包括对技术人员、管理人员、服务人员和相关用户的培训和再教育，确保数字资源的正常运行和有效利用。三是要协助馆员更好地转换新环境下的服务理念和服务模式，提高馆员的思想素质和业务素质。只有将馆员的服务水平和操作能力提高了，才能更好地适应信息环境下藏书发展工作的新需求，才能为读者提供更好的服务，推动上海图书馆的可持续发展。

三、探索用户个性化定制服务

信息化环境下的上海图书馆发展，应当要适当转变服务方式，将等待读者上门的被动服务方式转换为多样化的网络交流平台和主动出击的个性化服务定制。论坛、留言板、虚拟社区、虚拟参考咨询、微博信使等多种交流平台，都可以使读者随时随地感受和分享到上海图书馆的最新动态。个性化服务定制则是指用户可以根据自身的独特需求，定制一份个性化服务，并通过某种网络途径接收到这一定制的动态更新。比如读者对某作者的书籍或数字资源特别感兴趣，可以向图书馆定制一份该作者的动态更新，并通过电邮等方式收到相关的新书推荐、讲座等实时信息。又比如可以在上海图书馆 APP 等软件中，开发个性化定制选项，在软件首页可以优先显示所感兴趣的某类型文献的动态。

2012 年上海图书馆开发了针对每一个读者的"悦"读账单,并发送到用户邮箱内,可谓新颖独到。对此,我们应该以用户为中心,更多地去探索一些新环境下可行的个性化定制服务,激发图书馆潜在用户,更大程度地发挥利用好文献信息资源的用处。

第十八章　上海图书馆虚拟馆藏建设

第一节　虚拟馆藏综述

一、虚拟馆藏的含义

虚拟馆藏资源是与实体馆藏相对而言的馆藏资源,具体是指图书馆只拥有使用权,而不拥有所有权的网上资源。肖希明先生认为虚拟馆藏至少应该包括两类:一是联机检索的数据库,这是图书馆通过协议付费、可远程登录、在线使用的电子信息资源,这些电子信息资源存储在数据库供应商的服务器上,图书馆对这类电子信息资源只有授权范围内的检索使用权,不具有永久拥有权和使用权;二是网络信息资源,这是图书馆根据馆藏建设的需要以及读者的诉求,利用网上免费资源进行搜索、选择、重组后通过网络或者其他方式提供给读者使用的资源[①]。也就是说,虚拟馆藏资源主要由两部分组成:一类是付费的信息资源,包括所购买的数据库、电子书等;另一类是自建的信息资源,包括导航库、专业信息服务网站等,这两者的共存互补促进了虚拟馆藏的不断发展。

二、虚拟馆藏的构成要素

虚拟馆藏的构成要素主要包括:一是基础硬件设施,如计算机、通信网络、服务器等,这是虚拟馆藏存在和发展的必要物质条件,好比骨架;二是基础软件设施,如交互平台、数据库软件等,这是虚拟馆藏进行交流和管理等操作的主要场所,好比器官;三是具体的资源内容,如全文文献、电子图书、书目数据等,这是虚拟馆藏赖以生存和发展的主要

[①]　肖希明.论虚拟馆藏的建设[J].图书馆,2002(3):25-27.

内容,好比血肉;四是虚拟馆藏的相关工作人员,如网络技术人员、虚拟服务人员等,这是提升虚拟馆藏水平的重要因素;五是虚拟馆藏的使用用户等,用户的需求和反馈是指引虚拟馆藏发展方向的导航标。这些是虚拟馆藏的几个构成要素,缺一不可,彼此间互为辅佐、相互促进,比如软、硬件的强大可以促进资源的完善,而资源的完善又对软、硬件和人员提出了更高的要求。准确把握住虚拟馆藏各个构成要素的改进方法和提升空间,是发展虚拟馆藏的必由之路。

三、虚拟馆藏的特点

虚拟馆藏较之实体馆藏,有着其独有的一些特点,从好的方面来说,虚拟馆藏具备储存量大、易迁移、同种数据易批量管理、时效性强、文献使用无排他性、单位占用空间小、受地域限制小、实现形式多样等优点。从另一方面来说,虚拟馆藏也具有网络资源参差不齐、复合人才稀缺、后期维护困难、安全性差、版权问题等不稳定因素。在建设虚拟馆藏的过程中,我们应当注意充分发挥其优势,克服其劣势。

四、虚拟馆藏建设的必要性

随着信息时代的发展,虚拟馆藏越发显示出其发展的必要性来。一方面,传统的实体馆藏受制于场地、经费、流通速度等,不能很好地满足人们日益增长的信息需求;另一方面,互联网虽然有着庞大的信息量,但是处于一个无序、杂乱的情况,需要图书馆对资源进行开发、整序等操作,将其转化为可供读者享用的虚拟馆藏。虚拟馆藏应当成为图书馆信息资源体系的一部分,和实体馆藏共同发展、并存互补。

第二节 虚拟馆藏建设设想

一、付费虚拟馆藏资源建设设想

1. 付费虚拟馆藏资源建设包含的主要内容

付费虚拟馆藏资源是指馆所已经买下使用权的网络信息资源,尽管该资源本身并不属于本馆所拥有,但本馆对这些资源具使用权,所以这些信息资源实际上已含虚拟馆藏范围之内。付费虚拟馆藏资源主要是指各类数据库,如全文数据库、书目数据库等。近年来,馆所通过采购、授赠与试用等方式多渠道采集电子文献资源,截至 2012 年底,共采集电子资源 249 种,其中中文全文电子图书 100 多万种,外文全文电子图书 5 万多种,中外文全文电子报刊达 4 万多种。其中包括国内外专利、各国及国际知名行业标准、科技报告、学术资源、硕博论文、地方志、古籍、国外顶尖数据平台、中外专利数据库服务平台等一大批数字资源库,付费虚拟馆藏资源正逐步形成特色。

2. 付费虚拟馆藏资源建设流程

付费虚拟馆藏资源建设,第一步是要明确所需资源的收藏范围,制定采访方针政策,分配各部门职责任务;第二步是成立资源信息搜集小组,全面搜集、调查收藏范围内相关的资源信息;第三步是对照所制定的相关采访条例,对资源进行甄选,确定拟购买的资源库;第四步是与供应商签订协议开始试用,同时对资源进行大力宣传,以期发挥资源的最大效益;第五步是在试用期间收集用户使用建议意见,对资源进行评估和小结,决定资源的购买与否;第六步是对正式开始使用的资源进行包括反馈、评估、更新、维护等在内的后续操作,充分发挥资源效能。每一个步骤要切实开展,循序渐进,对资源的购买和使用须经过慎重考量,特别是大型网络数据库,一定要定人定期按性价比和利用率跟踪评估,只有对数据库的性价比进行客观评价,才能使资金发挥最大效益。

3. 付费虚拟馆藏资源建设建议

付费虚拟馆藏资源在建设和发展的过程中,评估系统的建立是必不可少的。评估系统可以有助于馆所甄别电子资源的优劣,馆所应根据评估的结果来决定对资源采取购买、继续购买、停用等操作。对付费虚拟馆藏资源的评估可以从以下几个方面来考虑:一是资源数据利用率的高低,这是以资源数据本身为分析对象,从时间层面的纵向跨度得出数据利用率趋势图,其中不但要看到现实用户的数据利用情况,还要分析潜在用户的使用趋势,综合考虑两者的情况,分析继续使用该资源数据的可行度;二是与同类产品间的优劣比较,这是对该资源与同类资源进行对比分析,从同类的横向跨度来得出该产品的性价比高低;三是文献数据的质量,其中可以从数据更新的频率、文献的连续性和完整性等,如供应商突然中断提供订购等类似情况的发生,都会给馆藏资源和读者造成一定的损失;四是数据库的安全指数,安全指数越高的数据库对馆藏资源的保护也越强大,这也降低了后续管理等操作的难易度;五是数据库后期维护操作和管理的难易度,对资源进行定期的维护和更新是常葆资源生命力的必要措施之一,而图书馆技术人才是相当紧缺的,一个易操作、易管理的数据库,可以给技术人员节约大量的时间、精力,从而为其他服务的开发提供了可能。

二、自建虚拟馆藏资源建设设想

1. 自建虚拟馆藏资源建设的主要内容

自建虚拟馆藏资源建设是指馆所充分利用网上已有的信息资源,通过筛选、整理等方式,将资源进行重组,再利用导航库、专业信息服务网站、特色数据库等形式展示出来,提供给用户使用。

(1) 自建虚拟馆藏资源的导航库建设

导航库又可称为指引库,主要起到一个引导、导航的作用,指引库将互联网上纷繁多样的数据进行筛选、整理、归纳,形成一个类似索引导航的界面,指引读者浏览互联网数据。指引库主要特点是:一是其本身并不存储资源信息,而是存储可以链接到某资源信息的绝对地址信息;二是其与现有的互联网检索工具有所不同,类似于百度等检索工具,检索结果存在检索范围太大、可用度较低、层次参差不齐等缺点,而导航库则能将读者利用率高、文献信息量大的一些资源链接,按主题等形式汇集整理在一起,方便读者一目了然地查找到所需要的信息;三是导航库的建立较为简单,成本低、运行快、后台网络资源强大,是一个见效快的自建虚拟馆藏资源措施。

(2) 自建虚拟馆藏资源的专业信息服务网站建设

专业信息服务网站是指图书馆根据用户某一方面的专业信息需求,将互联网上相关的专业信息资源通过分析、筛选、整理、汇集、评价等操作,提供给用户使用,从而达到满足用户的专业需求、节省用户的检索时间、提高用户信息查准率等目标。专业信息服务网站在信息内容上要比导航库更高一个层次,导航库只是一些根据主题归纳的资源的链接地址,而专业信息服务网站所拥有的信息不是简单的分类和罗列,而是经过整合的、可利用率更高的资源具体内容,其建设重点主要就在于信息的整体化、特色化和专业化。

（3）自建虚拟馆藏资源的特色数据库建设

资源共建共享是信息时代下图书馆馆藏发展的大方向,为此,各馆在馆藏建设中都在逐渐注重于自身特色馆藏的建设。上海图书馆的特色馆藏包括地方文献、古籍、近代文献等内容,馆所应继续依托、发扬好本馆特色馆藏,首先要结合本馆实际,将已有的特色馆藏加以整序,进行数字化,建立起特色数据库;其次要定期通过网络资源、馆际互借、联合编目等方式,逐步增加相关的各类信息资源,不断扩充特色数据库的内容;最后,通过特色数据库为用户提供优质高效的服务的同时,不断根据用户使用反馈来跟进服务,提高特色数据库资源的质量和利用率,为资源的共建共享打下良好的基础。

2. 自建虚拟馆藏资源建设流程

自建虚拟馆藏资源无论是指引库、专业信息服务网站、特色数据库还是其他的各种类型资源,其建设流程都要经过以下几个步骤:首先是前期准备,包括硬件配置上的准备工作和技术支持、对本馆用户及相关使用者的需求调研、对整个馆藏一个全面而整体的设计等。其次是通过网络检索工具、虚拟图书馆、共建共享等方式,对相关信息资源进行搜集、整理、筛选、加工、组织、整合等一系列操作,形成一套系统性的数据内容。然后对组织、整合好的虚拟馆藏数据进行多样化展示,包括通过图书馆网站主页,以及上文所述的导航库、专业信息服务网站、特色数据库等形式,最大限度地展示。最后是对虚拟馆藏数据的后期管理、评估以及服务水平的进一步提升。

3. 自建虚拟馆藏资源建设建议

在自建虚拟馆藏资源建设方面,主要可以从数据和服务两方面来考虑。从信息资源的本身方面来说:一是要坚持注重特色化建设,特色馆藏的数字转化是馆所虚拟馆藏的优势所在,也是共建共享数据质量的强大保障;二是要保持数据的定期更新与维护,删除过时信息及无效链接,避免域名和信息的陈旧,及时根据用户反馈增加新内容,提高信息的准确性和新颖性;三是要严肃看待版权问题,特别是诸如全文型、特色型文献资源,在数字化过程中涉及到复制权、信息网络传播权等多种著作权,因此在数字化入藏前需要确保已经取得版权使用许可;四是要坚持并加强资源合作与共建共享工程,这可以有效地扩大虚拟馆藏的数量,并节约人力,减少不必要的消耗和浪费。另外,从虚拟资源的服务方面来考虑:一是要时刻关注读者需求,有针对性地进行数据选择和入藏,加大数据的利用率;二是要提高服务的自动化水平,无论是技术层面还是人员层面都尽可能地提高用户使用的舒适度;三是在资源界面的设计上,要尽量简洁、友好、易用、美观、突出特色,以提高用户的访问兴趣、加大资源的点击率;四是设计多样化的虚拟资源服务交流方式,如FAQ、电子邮件、专家问答等,并定期对读者所提的问题进行整理和归纳,形成表单以更新问答档案库,同时注重扩大专家服务范围,提高回答及时性和正确率。

第三节　虚拟馆藏与实体馆藏的一体化发展

信息化时代下,光靠实体馆藏的发展很难满足读者的信息需求,而单纯的虚拟馆藏也无法取代传统馆藏在读者心中的地位和作用,只有虚拟馆藏和实体馆藏之间互通互融、并存互补,形成一个一体化的和谐发展模式,才能最有效地推动馆藏发展。

首先,虚拟馆藏与实体馆藏之间要进行合理转化。信息化时代下的实体馆藏和虚拟馆藏是可以相互转化的,一方面,要注重把具有使用频率高、特色化、易损坏等特点的实体馆藏,如名人手稿、历史文献等资源,系统性地转化为数字虚拟馆藏。这样不但可以丰富本馆的虚拟馆藏,同时也可以通过共享平台等方式,供其他馆使用。另一方面,也可以把虚拟馆藏中利用率较高的电子书等资源,通过合法的途径,进行购买或加工,转化为实体馆藏供读者来翻阅。

其次,在建设过程中要注重馆藏结构的不断优化。现代图书馆的发展进程中,实体馆藏和虚拟馆藏缺一不可,馆藏发展应当始终以能为用户提供尽可能多的信息服务为宗旨,继续以实体馆藏为主体,同时不断加大虚拟馆藏的比重,充分发挥两者的优势。通过文献流通率、利用率、资源点击率等指标的统计,分析资源使用情况,探索出实体馆藏与虚拟馆藏的最佳结构比例,优化馆藏结构,将有限的财力、人力、物力发挥出最大的效能。

最后,要加强构建一站式的馆藏服务系统。所谓一站式的馆藏服务系统,是指通过最简单的操作,使用户能实现一步到位地检索到所需要的信息资源。一站式馆藏服务建设的重点在于对各种不同信息资源的有效整合,只有将分属于不同馆藏范围、不同数据库、不同类型的信息资源收录在同一个搜索引擎之内,才能实现将检索结果高速、正确、全面地展示给用户,提供给用户形式和内容多样化的阅读选择,感受不一样的阅读体验。

第十九章　上海图书馆合作藏书与资源共享设想

第一节　合作藏书与资源共享布局

一、上海图书馆合作藏书与资源共享布局依据

1. 服务对象

服务对象决定了图情机构的性质、定位与主要收藏任务，也是区域内不同类型图书馆收藏任务分工与收藏特色确立的参考准则。对上海地区的文献资源进行布局、确立成员机构具体的收藏分工与收藏特色时，要重点考察服务对象的人数（包括从读者证的注册情况统计目前的用户人数以及预估潜在用户数量）、国籍、年龄构成、职业背景、文化程度等特点，由此分析其对馆藏文献信息资源的现实需求与潜在需求。

作为上海文献资源共建共享协作体系最重要的牵头协调机构以及上海市中心图书馆总馆，上海图书馆的用户群体呈现出数量庞大、年龄跨度大、职业背景复杂、专业程度不一等特性，用户利用上海图书馆馆藏文献的目的也各不相同，既有出于科学研究需要查阅专业学术资料，又有纯粹抱着休闲娱乐的心态选择阅读通俗读物。因此，上海图书馆必须大量、广泛地收藏不同类型、不同学科、不同语种以及不同载体形态的文献，尤其在用户需求量最大的中文书刊的收藏上必须达到完全收藏级别，满足不同类型用户多样化的需求。

各区县公共图书馆的情况与上海图书馆相类似，但也不能完全成为总馆的翻版，相对总馆而言，区县馆文献的入藏应更贴近普通大众读者，充分体现出惠及全民的公益性知识文化服务的性质。另外，区县馆的文献收藏还要根据本地区居民的具体情况确立一定的收藏特色，通过在馆内设立相关领域的主题图书馆、开发推广特色馆藏数据库等方

式,形成具有区域特色的文献资源格局。例如,崇明县是全国第十五个"长寿之乡"、第一个"长寿之岛",全县人口平均寿命达到了 80.26 岁,高出全国平均水平 8.26 岁,崇明县图书馆便可根据地区人口的这一特点,加强"长寿"相关主题领域文献的收藏,例如健康养老、养生保健、社会保障、长寿食品、长寿旅游、生态宜居等,打造与长寿之乡相匹配的文献资源体系。

与总馆、区县馆相比,少儿图书馆、街镇社区图书馆、高校图书馆与专业图书馆的服务对象数量相对有限,特征也比较单一,因此更应根据服务对象的具体特点形成鲜明的收藏特色。一般公共图书馆的服务对象不包括少年儿童,收藏少儿读物由市少儿馆及各区县的少儿分馆承担;街道、乡镇与社区图书馆等基层服务点是城市小区范围内的小型图书馆,主要服务对象就是周边的居民,因此文献收藏是以基础普及、休闲娱乐类的通俗读物为主,再根据社区内居民的年龄、职业、文化程度等具体情况对某些领域有所侧重,比如徐汇区天平街道是各国驻沪使馆集中区域,外籍人士较多,街道图书馆可增加一些主要外文语种文献以及介绍中国及上海的普及类读物的收藏;高校与专业图书馆是为特定机构团体的人员从事某些学科领域的学习、教学、研究、开发、生产等工作提供文献资源保障,因此相关领域文献资料的收藏应体现较强的学术性、专业性与实用参考价值,如宝钢集团附属图书馆要收藏齐全国内外的钢铁制造相关研究著作、研究论文、学/协会组织的会议录、专业科技报告等。

2. 服务地区

(1) 地区人口密度

对于公共图书馆而言,服务地区的人口密度决定了图书馆所需达到的服务半径,也间接决定了该馆所需达到的文献收藏等级。例如一般的基层服务点图书馆主要满足周边居民休闲阅读需求,文献的收藏级别只需要达到基础、普及类等级即可,也不需要做到各个学科全部采集。但如果是金山、青浦、崇明等郊区县,因地域开阔,人口分布相对稀疏,读者去区县馆借阅文献资料相对不便,对基层服务点的依赖性相对市中心人口密集的地区会更强一些,因此郊区的一些街道、社区图书馆的文献收藏级别可以适当提高到大学级甚至研究级,文献的学科、语种、载体形态的构成也更丰富。

（2）地区特色

区县分馆、街道乡镇、社区图书馆等各类基层服务点的文献收藏应体现出区域特色，根据服务地区在地理、人文、历史、经济、科研等多方面的优势、重点、发展动向与热点话题等形成特色主题收藏。

例如，闵行区是上海西南地区重要的工业基地、科技及航天新区，区内有闵行经济技术开发区、上海市莘庄工业区、上海紫竹科学园区、上海漕河泾开发区浦江高科技园以及上海漕河泾出口加工区等多个工业园区，并在微电子、软件、生命科学、生物医药、新材料、航空航天等多个高新技术领域走在全市前列。因此闵行区图书馆应相应地建立高新技术特色文献收藏体系，在区分馆内设立主题图书馆，并在上述几个工业园区内分设以收藏高新技术研发专著为主的基层文献服务点，为地区产业发展建设提供配套的信息资源服务。

区县公共图书馆系统在确立收藏主题特色时，要注意该特定领域文献的收藏达到一定的收全率与专深度，馆内或者同区域内形成研究及与学习级、基础级等各类等级著作全覆盖的藏书体系，以建成该特定学科知识领域在上海地区的文献收集中心，注重入藏文献的学术价值与参考实用价值。

（3）高校与科研机构的重点研究领域

对于高校图书馆及专业图书馆而言，要以所在高校、科研机构或企业的国家地区重点专业与新兴学科、优势研究与重要攻关项目、主要生产服务领域等作为收藏特色确立的参考标准，并注意特色文献的入藏至少要达到研究或大学级别，并对公共图书馆系统的相关收藏形成有效的补全。例如华东师范大学以教育研究及师范人才培养见长，有关G4大类教育领域相关研究著作需尽量收藏齐全，上海地区从事教育学研究的用户都可以在此找到所需的资料；上汽集团所属图情部门是为企业生产研发服务，应配备比较完善的汽车制造相关的文献资料保障体系。

（4）上海城市发展建设重点领域

作为上海地区文献资源共享体系中的一个环节，所有图情机构在确立自身文献收藏特色与重点时，要考虑到上海城市建设的定位、任务与未来阶段的发展走向,突出与上海支柱产业、优势学科、重点科研与攻关项目、社会热点动态等相关学科领域与载体类型文献的收藏,使整个文献资源共建共享体系体现上海特色,并且能够始终稳定地发挥信息资源保障中心的强大功能,与上海发展建设的进程同步。例如,随着中国上海自由贸易试验区的正式建成运作,配套的文献资源系统建设也要随之启动,浦东新区区分馆及下属各分支机构今后要加大对自由贸易相关文献资料的采集力度,并着手筹备自贸试验区主题图书馆。

二、上海图书馆合作藏书与资源共享布局方法

1. 布局模式

上海地区文献资源共建共享体系精益布局可以仿照中心图书馆系统的管理体制,采用"总—分"两级推进模式。即:"总"的层面,由上海图书馆牵头,联合各区县分馆、所有参与共建共享协作项目的高校图书馆与专业机构图书馆,根据上述两项布局标准,协调确立总馆、各个区域公共图书馆以及高校、专业馆的收藏分工与收藏特色;"分"的层面,由每个区县的分馆牵头,联合下属各个街镇与社区图书馆等基层服务点,协调确立各自的收藏分工与收藏特色,同时兼顾辖区内的高校图书馆与专业图书馆的文献收藏情况,如将部分学科主题学术研究类著作的收藏工作交予高校馆与专业馆,公共图书馆只收藏基础普及类著作。

在采用"总—分"两级推进模式的文献资源布局工作中,区县分馆起到承上启下的关键作用,这是因为与总馆相比,区县馆更贴近所在区域的用户,对于用户状况及具体需求比较了解,同时与各基层服务点图书馆、辖区内的高校馆及专业馆业务联系更为密切。

2. 布局流程

(1)调研阶段

调研各区域、各图情机构现有的藏书情况,包括馆藏数量、馆藏特色与馆藏结构,以及实际的文献收藏能力,包括馆面积、财政资金状况、资源建设能力;调研各区域特色与主要利用群体的现状,为布局打好基础。

(2)布局阶段

实际布局操作采用"点面结合"的方式。首先由"面"至"点",以服

务对象以及服务地区的特点为主要参考标准,大致确立每个机构的收藏任务与特色之后,根据具体机构的具体收藏能力,确定各机构的藏书结构,包括藏书等级结构、学科结构、时间结构、语种结构、文献载体结构与特色馆藏结构等;再由"点"至"面",将各机构的藏书结构通过共享平台发布,由牵头机构负责组织研讨,区域与区域、机构与机构之间协调互补,弥补共同收藏缺失的部分,减少相互之间不必要的收藏重复的部分。如果是分层面的布局,还需要考察其他区域藏书结构的设定情况。

(3) 后期调整阶段

上海地区共建共享文献资源的布局工作应定期调整,一方面是因为随着共建共享工程的推进,将不断有新的成员机构加入,丰富地区文献资源构成,同时原有的成员机构文献收藏工作的实际状况也会因行政体制调整、资源建设财政资金拨发渠道变更等各种客观因素发生种种变化;另一方面,上海地区的总体建设发展方向也可能发生变化,新兴学科、交叉学科层出不穷,支柱产业、攻关项目不断调整,都要求配套的文献资源体系把握时代的脉搏,体现高度的地区特点与时代性。

第二节　共享文献资源建设

一、上海图书馆共享文献资源采编建设

上海地区的共享文献资源的采集与编目工作要联合参与共建共享协作的各家机构的力量,发挥各自所长,以最少的人力、物力、财力与时间的投入,采集到质量高、适应地区发展形势、贴近用户需求的文献,并进行高效的数据编制与整合后提供用户利用,充分体现"以最少的投入获得最大化的效益"的管理思想。近年来因文献价格上涨、编目成本提高等因素,图情机构或多或少都面临着采编经费紧张的困境,通过共享文献资源的建设,成员机构可以有效节约采编成本,同时又不会因投入减少降低文献采集与组织整合的质量,尤其对于一些资金来源不稳定、采编力量比较薄弱的中小型图情机构而言,文献资源采编共建可带动其良性发展。

1. 文献资源采集

（1）协调采购

共享文献资源的协调采购是在共享文献资源布局的基础上，对各个区域、各成员机构的文献采集的重点进行分工，既确保地区内各类文献采集的完整度与高质量，又减少不必要的重复采集，节约采购经费。

目前上海地区共享文献资源的协调采购的内容和覆盖的范围都比较有限，定期开展的活动主要有基于《华东地区外国和港台科技期刊预订联合目录》，上海图书馆与沪上高校、科研机构的图书馆协调采购外文期刊，以及上海图书馆与部分主题图书馆协调采购特定领域的文献资料等。

为将协调采购工作的定期稳定开展落到实处，最重要的是建立起覆盖共建共享协作体系各系统、各层级图情机构的协调采购平台，各机构通过平台发布本机构的采访结构与采访计划，在具体实施采购工作时可以比较便捷地获取其他机构的采访情况，对照自身进行采购内容、范围、数量等方面的调整；协调采购的内容要跳出外文期刊与主题文献资料等有限的几个品种，扩大到所有类型文献，同时还需通过协调沟通确立用于馆际互借的文献资料的复本数量；由上海图书馆与各区县分馆通过平台定期发起本区域、本系统或者跨区域、跨系统的协调采购活动，各成员机构也可自己提出申请，由总馆或区县馆牵头与某一家或某几家机构进行合作；协调采购平台还要发挥交流研讨的作用，成员机构可在此分享有价值的采购经验与成果，包括有效采购渠道、优势采选模式、文献采访质量评估标准、采购经费节约的方法等，当然也可分享一些失败的案例，通过相互学习促进整个共建共享协作体系的整体采购能力。

（2）联合采购

实行文献资源联合采购有多项益处：首先，多家机构联合采购文献资源可以增加与代理商的谈判筹码，有效压低价格，节约共同的采购成本。例如，OhioLINK 的电子杂志中心 2002 年为购买电子文本共支出 1 940 万美元，其中中央系统支付了 370 万美元，成员馆支付了 1 570 万美元，如果各馆独立购买、互相重复，估计费用在 7 760 万美元左右①，经费

---

① 李国庆.世界图书馆联盟的典范——OhioLINK 信息资源共享模式研究[J].图书情报工作,2004(7):13-16,89.

支出节省了约 70%；其次，一些中小型图情机构因经费有限且规模较小，知名度不高，往往没有能力且没有渠道采购一些价格比较昂贵、风险较大的成套资料，与共建共享协作体系内的大型图书馆进行联合采购就可以比较有效地缓解这一困境；再次，联合采购文献资源后再通过馆际互借等渠道进行资源共享，还能达到减少一个区域内文献资源重复收藏的目的。

上海文献资源共建共享协作体系很早就开始实行联合采购的共享文献资源收集模式，2002 年，中心图书馆组织联合采购《ISI 市场商情数据库》，开创了上海地区联合采购大型电子文献之先河；2003 年由上海图书馆牵头组成上海图书馆联盟（SLC）开展 Netlibrary 采购计划，SLC 也成了国内率先联合采购这一大型数据库的联盟组织[①]。但到目前为止，上海地区的联合采购文献资源基本还局限于一些大型的数据库，今后应扩大联合采购的范围，只要是价格比较昂贵、采购渠道相对狭窄、某家机构单独采购风险较大的文献，比如重要国际学协会的成套会议录、专利标准等特种文献、稀有古籍等，均可以考虑纳入联合采购的范畴。同时，参与联合采购工作的成员机构范围也要进一步扩大，不仅是区县图书馆、高校与专业图书馆，基层服务点等中小型图书馆只要有需求便可申请参与。

（3）开拓非采购渠道

捐赠、交换、调拨、托存等多样化的非采购途径的文献入藏渠道既能节约有限的采购资金，又能丰富图情机构的文献资源构成，是实现文献资源精益采集的有效方式之一。在共建共享体系内，各成员机构可以充分利用资源流通共享的平台，建立以下两种机制：① 成员机构之间的文献转赠、调拨机制，正所谓"他山之石，可以攻玉"，如果某家机构接收的捐赠、交换、托存等资料并不符合入藏标准，就此剔除销毁未免可惜，不妨无偿或以低廉的价格调拨给其他有需要的成员机构；② 成员机构联合索赠、争取托存与交换机制，将各家机构捐赠、交换与托存的渠道联合在一起，共同缓解采购资金紧张与文献价格上涨的局面。

---

① 《上海市中心图书馆建设与发展研究》课题报告（2009 年）.

2. 文献资源编目

实现共享体系内文献资源精益编目的最佳方式,是推进联机联合编目中心的建设。这是因为联编中心通过书目数据的共享与下载,能够减少多余的投入,获得比较高的效率效能。根据 2006—2011 年上海图书馆中文馆藏文献编目数量统计,中文文献每年的原始编目量基本维持在 3 万条左右,但原始编目率却从 2006 年的近 50% 下降到 2011 年的 26.4%,套录编目量与编目总量均有不同程度的增长(见表 19 - 1),说明联机联合编目起到了支撑编目数量增长、提高编目效率的作用[①]。

表 19‑1　上海图书馆中文馆藏文献编目分项统计表

年　　份	原始编目(条)	套录编目(条)	原始编目率(%)
2006	33 856	36 064	48.4
2007	31 379	58 817	34.8
2008	33 225	55 613	37.4
2009	33 940	58 151	36.9
2010	33 726	73 761	31.4
2011	25 711	71 599	26.4

从联编中心套录数据不仅减少了比较耗费人力精力与实践的原编操作,在资金上的成本节省效果也是非常显著的。在美国,OCLC 的成员馆套录 1 条书目数据费用为 1.5 美元,而在 OCLC 成立之前,编制 1 条书目数据的成本,美国国会图书馆是 75 美元,Ohio 大学图书馆是 30 美元[②]。近年来国内外联合编目中心数据下载费用逐步降低甚至实行免费,套录编目的成本得以进一步下降。

上海地区文献资源共建共享协作体系内拥有上海市文献联合编目中心,以上海图书馆为主要协调组织机构,为图书馆编目人员提供书目数据的上传下载服务和为用户提供书目查询服务,经过数十年的发展,

---

① 丁建勤. 联机联合编目成员馆编目绩效评估及其分析[J]. 图书馆建设,2012(8):21 - 24,27.

② 纪陆恩,庄雷波. 境外合作编目理论与实践[M]. 北京:海洋出版社,2007:189.

一个面向全市图情机构的社会化编目中心已初步形成。未来阶段,联编中心工作的重点有以下两部分:

(1)落实规范

联编中心应继续完善并严格落实统一的编目规范与著录标准,这是通过馆际互借与文献传递等方式实现文献资源共同利用的先决条件。编目规范与著录标准细则的修订应考虑到更多细节,如明确图书与期刊的界定、多卷数与丛书的统一著录与分散著录等问题,并且根据资源共建共享体系的实际文献收藏情况定期作出调整,如少儿读物纳入中心图书馆系统后,编目规范与著录标准应添加少儿书数据编制的相关内容,并且指出其与普通书刊资料编目的差异。

对于加入了中心图书馆"一卡通"系统的成员馆而言,书目数据除了编目数据必须严格遵守规范,其馆藏信息也必须与总馆保持一致,除了联编中心的编目规则,还要严格遵守《上海市中心图书馆索书号编制规则》、《上海市中心图书馆书刊条码编制规则》等中心图书馆系统内的各项数据编目加工规范,确保用户利用的连续性与一致性、书目检索的准确性。

在规范的落实方面,除了定期组织标准规范培训、加大宣传推广工作力度之外,还要完善上传数据评估审核制度,制定书目数据评估标准,完善审核细则,规定必审字段;同时建立配套的数据审核反馈与激励机制,在确保书目数据质量与规范性的同时提高数据上传机构编目工作的质量与参与的积极性。

(2)合作共建

前几年,有相当一部分上海市中心图书馆下属成员馆存在着自行采购的文献迟迟没有进入编目程序,形成积压过多的情况。造成这一现象的主要原因是当时中心图书馆规定分馆只能从"一卡通"系统中套录数据,如无数据文献只能暂时搁置,直到可以套录。这种模式虽然可以确保中心图书馆系统内的书目数据质量过关且严格遵守规范,但大幅度拉长了各分馆采集入馆的文献资源编目、上架与用户见面的周期,也降低了分馆参与文献资源整合组织工作的能动性,显然并不符合精益管理的理念。因此自2009年起,上海图书馆在中心图书馆范围内建立了编目加工快速通道,对各区县分馆开放了联编中心书目数据的查询与下载权限,区县分馆可将"一卡通"系统中没有、但联编中心已有的书目数据按照提交格式要求,邮件传送给上海图书馆配置部,再由专职人员直接将数据审校至联编中心库,并转至"一卡通"系统中,再添加馆藏信息,加快编目加工速度;同时,对有分编能力的区县分馆开放联合编目中心数据上传权限,对有编目基础的成员馆分编人员开展上传培训及测试,审核通过后发送上传资格证书①,逐步形成中心图书馆成员馆自行编目与委托总馆编目相结合的资源组织工作模式,将原有的总馆上传数据为主的局面变为区域内各分馆共同上传数据、共享数据建设成果,提高分馆的数据编制能力与资源组织建设参与度的同时,缓解了总馆的编目压力。

建立编目加工快速通道是借由文献联合编目中心平台,提升共享文献资源整合组织效率的一项成功的尝试,其行之有效的主要因素是充分调动了成员机构的主观能动性,成员机构不仅是文献资源建设成果的共享者,更是文献资源共建工程的参与者。不仅是编制书目数据,今后联编中心的其他各项事务,例如上传数据的质量监控、问题数据的修改等,都可组织资源共建共享体系内的所有成员机构的编目人员共同参与。

二、上海图书馆共享文献资源配置方式

文献统一配置,也称"馆配",是上海地区合作藏书与资源共享体系内一种比较特殊的文献资源共建模式,是以上海图书馆采编中心文献配置部为主管部门,为上海市中心图书馆部分成员馆提供文献采购信息推荐、分编加工代理、物流配送等服务。目前文献配置部拥有上海海事大学图书馆、松江与闵行等图书馆的中文图书、外版书、音像制品等文献资料的配置权,已经形成了一套"成员馆自主选书—上海图书馆采编中心代为分编加工—委托物流公司统一配送"三步走服务流程。

由上海图书馆进行文献的统一配置,可以使参与的成员机构集中共享上海图书馆拥有的强大的文献采集力量,在区域内实现整体性较

---

① 《建立中心图书馆编目加工快速通道的实施办法》(上海市中心图书馆 2009 第三季度馆长例会文件).

高的资源协调配比,提升各家机构文献入藏的速度与效能,并且帮助一些实力比较薄弱的中小型图情机构节约采编、物流、人力等多项成本,应该说是一种比较精益的文献资源共建模式。

1. 运作设想

上海图书馆采编中心文献配置部目前采用个性化、定制化的馆配服务运作思路,即根据客户实际的文献配置规模、收藏特色与业务要求,设计各馆不同的工作流程与服务框架,并确定代理分编加工图书的具体数量及加工、配送与上架的周期等。这一运作即由客户的需求拉动一系列服务流程,今后文献配置部应继续沿用并严格贯彻这一思想,从客户需求出发改进工作,始终将提高客户满意度作为工作开展的核心目标。

同时,建议可以通过帮助客户准确定位自身需求(例如具体描述需要怎样的特色文献)、调整不甚合理的服务期望值(例如延长现有技术与人力条件下较难实现的最短新书上架周期)等方式,方便上海图书馆提供更及时、更贴近客户需求的服务,由此间接提高客户对文献配置服务的满意度,上海图书馆方面也可以规避各种不产生价值的投入,获得更大的经济效益。当客户的需求趋于合理稳定,整个文献配置服务价值流的运转也会随之趋于规范与高效,一种双方共赢的良好局面也就形成了。

在具体操作方面,可以采用诸如业务指导的形式,帮助客户仔细分析本馆馆藏结构,找出馆藏特色优势,分析现存不足,审视现实馆藏的实际使用情况以及服务对象的真实需要,最终产生比较合理的采购、代加工、配送等业务方面的终端需求。

2. 采购信息提供

在文献统一配置模式中,各成员馆是通过文献配置部提供的采购书单,或者经由文献配置部组织的各种现场采书活动,自主选购需要上海图书馆配置的文献。这一过程中,文献配置部承担的是比较关键的采购信息提供者以及联系成员馆与供应商、出版社的中间人角色。文献配置部秉持个性化采购信息推荐服务的宗旨,为客户度身定做采购书目,拓宽客户采选范围,优化客户采选渠道,深入打造采购信息推荐专业服务品牌。

（1）深入调研

文献配置部要做好客户需求调研与分析工作，重视每一次组织客户开展现场采书的机会，收集归纳各成员馆的馆藏结构、优势、特色、实际收藏与文献采集能力、采选偏好、服务对象特征需求等信息，在此基础上形成客户档案信息库，为进一步提供贴近客户需要的采购信息打好基础。

（2）加强沟通联系

文献配置部要架起客户与出版社之间的桥梁，加强与出版社、供应商的协调沟通，定期索要最新征订书目，经过筛选后第一时间传输给各馆；负责书目征订的工作人员还要通过多种渠道及时跟踪出版市场动态，获取新书、热门书、畅销书、特色丛书等读者需求量大或具有馆藏价值的文献的出版信息，并与已推荐给客户的书单进行比对，及时查缺补漏。

（3）采购信息服务网络化

在目前已经形成常态化运作的新书推介会、邀请参加全国与地区的图书展销会、在莘庄配置部门内设立专题书展等方式的基础上，利用网络通信便利快捷的优势，开拓搭载于互联网、多媒体的文献采购信息传递渠道。上海图书馆原有的采购信息平台可以与新华传媒、世纪出版集团等大型出版商、供应商的网站实行对接，方便客户直接浏览最新出版供应的最新、优质的文献资源；或者可以单独建立一个整合多方文献最新采购信息的网络发布平台，模仿电商运营模式，在平台上自行挑选合适的文献后形成订单发送给上海图书馆。

3. 分编加工代理

文献配置部为客户提供的分编加工代理工作包括：前期的贴条形码、加磁条、加 RFID、盖馆藏章，中期也是核心的分类编目及数据校对，以及后期的打印粘贴书标。文献配置部积极响应客户要求，不断提升生产能级，目前已经做到在 10 个工作日内完成新书的代分编加工，并且为有需要的客户馆提供新书发行与外借阅览同步、为流通量大的热门书与畅销书开辟快速加工通道等。文献配置部今后可从以下三个方面对这方面工作进行完善。

（1）扩大编目人才队伍

鉴于文献配置服务规模扩展使得总馆编目加工压力增大，建议今后可以进一步探索成员馆编目人员共同参与馆配文献编目加工工作的共建模式,例如将一部分新书委托给分馆编目人员编目,再由总馆进行数据校对。这种做法有多项益处,包括减轻总馆压力,提高成员馆编目能力,加强了总分馆之间的业务往来与沟通等。此外还能在保持中心馆一卡通书目数据整体规范性的同时,使各馆继续维持一定的书目数据处理特色(例如保持一些特殊字段的特殊编制方法),馆配文献的书目数据能够与各馆自采自编的数据融合起来,不会造成脱节。

(2)设立馆配数据跟踪机制

上海图书馆采编中心内部有专门人员承担馆配数据跟踪工作,与客户馆的相关岗位人员保持定期联络,就采编中心统一编制的书目数据在导入系统进行检索利用后暴露出的问题进行及时沟通与改进;另一方面,总馆数据跟踪人员也可以就数据管理后台反映出的一些异常信息(例如流通状态一栏长期显示"编目中",表示成员馆未及时对馆配书进行验收上架)第一时间与对方取得联系,督促其查找问题并提出解决方案。

(3)优化流程、提升效率

文献配置部应进一步优化编目加工操作流程,删减或重组不产生实际价值的冗余环节,提升整体流程运转的效率。同时,形成一套说明简洁的编目加工标准化操作文件指导岗位人员具体工作,降低人为操作失误的风险。

4. 物流配送

目前文献配置服务工作中主要涉及两项物流配送环节,即向出版社与供应商征订新书到货,以及加工完毕的成书打包后由指定物流公司运送至对应的客户馆处。高效的文献物流配送体系是文献配置工作流畅稳定开展的基础,文献配置部应确保各项物流环节的高效率、低能耗运转。

(1)提高物流配送社会化管理程度

目前中心馆文献配置物流配送体系已基本实现了社会化管理,通过邀请招标确定承运的物流公司,但与一些发达国家及地区的图书馆相比,物流的信息化程度仍较低,物流公司快捷、精准的服务品质方面也有待进一步提升。建议今后继续学习与上海图书馆性质属性相近的图书馆在物流体系建设上的成功经验与失败教训，进一步提升物流体系社会化管理的程度；做好物流公司评估工作，完善基础设施、运输设备、信息技术、配送速度与准确性、服务水平、运营风险等多项评估标准，并将评估结果及时反馈给物流公司，以便对方作出改进。

（2）完善新书现场编目体系

充分利用莘庄与新华传媒两个馆外编目加工基地，通过本馆派遣岗位业务骨干、面向社会招聘等多种方式充实基地编目加工人员队伍，进一步完善现场编目体系，也就是发到莘庄的新书与在新华传媒订购的新书直接在两大基地进行编目，节省物流来回运送成本。

（3）合作改进运作流程

文献配置部应召集上游出版社及供应商、部门内物流操作人员、物流公司配送人员、客户等物流价值链各环节涉及的人员，共同改进整套文献配置物流运作，并邀请物流管理领域专家对仓储、库存、周转等各项内容进行专业角度的分析与改进，优化仓储空间，缩减库存，加速库存书流转，提升配送效率，促进良好运转。

5. 业务推广

上海图书馆应进一步扩大文献统一配置服务在中心馆系统内的覆盖范围，增加客户机构，尤其是街道乡镇、社区等基层服务点客户机构的数量，同时进一步尝试探索配置服务向高校馆与专业馆的推广。

文献配置服务品牌宣传与推广工作要纳入常态化管理体系：定期召开中心图书馆交流会，邀请各区域、各层级成员机构参与，并利用上海市图书馆学会、图书馆联盟、上海市文献资源共建共享协作网等不同图情系统间的业务交流、研讨会议等各种契机，宣传文献配置服务项目，提高其知晓度；同时依托上海地区资源共享体系内的各种网络平台，展示中心馆文献配置服务成果，吸引更多机构成为新客户。

三、上海图书馆共享文献资源服务方式

1. 提升服务效能

（1）提高共享文献资源传递服务体系知晓度

① 整合联合目录　目前上海文献资源共建共享体系内的成员机构享有多个联合目录，如一些中科院系统的图书馆参加了中国科学院

的全国期刊联合目录（CSDL），一些高校图书馆参加了CALIS联合目录，以及为广大用户所熟知的上海市中心图书馆联合目录等。但这些联合目录中的书目数据尚未实现真正意义上的完全共享，直接影响了上海地区用户对于整体馆藏的知晓度，普通大众用户对于一些高校与专业机构图书馆常用的文献联合目录比较陌生。对此，应探索将各家机构享有的联合目录进行交互融合，实现无缝对接，并借由中心图书馆的ipac联合书目查询系统这一知晓度与利用率较高的平台，搭建一个完整统一的上海地区馆藏文献资源联合目录数据库，使广大用户可以直接搜索到某一品种文献在全市各成员机构的馆藏分布情况，实现跨系统、多途径、一次性检索，并根据自己的实际情况选择合理的借阅途径。

② 加强宣传普及 共享资源传递服务的宣传普及工作应纳入常规化长期化管理模式，不断探索新颖有效的宣传手段，例如：在上海图书馆及各区县公共图书馆网站首页的醒目位置设立各类馆际互借服务端口，联通参与共建共享的各高校图书馆与专业机构图书馆，以及CALIS、OCLC、Subito等文献传递服务中心；继续研发完善《上海市中心图书馆一卡通分布图册》导航软件的手机二维码查询功能，并提高其与更多型号的智能手机、电子阅读器与平板电脑等更多新型媒介的兼容性；参照部分中心图书馆分馆开设馆外流通服务点与现场办证的推广形式，邀请高校馆与专业馆走出校园与研究机构，在潜在用户聚集的区域开展讲座、展会等各种形式的推广活动。

（2）提高共享文献资源传递服务体系利用率

① 升级文献传递服务模式 探索更多样化的共享文献资源传递服务模式，从传统的等待用户上门利用升级为预测用户需求，主动将用户所需文献资源送至用户手中，提高服务体系的利用率。目前中心图书馆的残疾人送书上门服务、进城务工者送书上门服务等服务模式具有推广意义，可进一步扩大服务范围，例如经调研得知某科研机构正在开展一项新的研究，但该机构并无相关馆藏，组织协调机构便可向其他成员馆征集该特定领域的文献，直接送书上门。

又如，根据信息通信技术发展的趋势，适时地利用多种新媒介，如"手机图书馆"、微信微博平台、电子邮件等，向用户推送成员机构的最新馆藏信息，主动吸引用户利用文献；为每位用户定制个性化的服务菜单,根据用户过去的书刊借阅、电子文献点击记录,推测用户的阅读偏好与可能的资料查阅与工作学习需求,推荐相关的资源信息。

文献传递服务还可与参考咨询工作相结合,如经由网上联合知识导航站向用户推荐高校馆、专业馆等更广泛的文献获取渠道,以及原书传递、原文传递等更丰富的文献获取方式。

② 整合服务网络　目前上海市的公共图书馆系统均借助 Horizon 系统实现统一的 ipac 系统和"一卡通"通借通还服务,但上海图书馆总馆与各区县分馆及分支基层服务点的借阅服务尚未完全整合,一些区县图书馆尚不能完全脱离原有的 ILAS 系统,一个分馆有两个系统同时运行①,势必会带来信息传递通道阻塞、书目数据检索不准确、传递服务效率下降等多重弊端。此外共享文献资源传递服务体系还同时面临着如何与高校图书馆、专业图书馆更多的自用服务系统交互融合的课题。对此,作为主要协调组织机构的上海图书馆应充分利用中心图书馆现有的技术平台,联合高校馆与专业馆的技术研发人才力量,共同致力于对多种服务系统的升级融合,同时尝试 Horizon 系统在整个上海地区图情机构的推广应用。

③ 扩大"一卡通"服务范围　上海市中心图书馆"一卡通"系统应该说是整个上海地区共建共享文献资源服务体系中应用范围最广、普及利用率最高的一个服务品牌。据上海图书馆上海科学技术情报研究所与上海市测绘院共同编制的《上海市中心图书馆一卡通分布图册》的统计,至 2012 年,共计有一卡通中心图书馆总分馆 262 家(点),其中包括 2 家市级馆(上海图书馆与上海少年儿童图书馆)、29 家区县级馆、230 家街镇图书馆(包括社区图书馆等基层服务点)以及中科院上海生命科学图书馆 1 家专业科研机构图书馆②。一卡通推出的同城通借通还、网上委托借书、电子资源"e 卡通"等服务项目提供了用户多元化的文献获取渠道,深受广大用户的欢迎。

从上述统计资料可以发现,加入中心图书馆一卡通服务系统的基本都为公共图书馆,仅有一家专业图书馆,进一步扩大一卡通使用范

---

① 《上海市中心图书馆建设与发展研究》课题报告(2009 年).
② 王世伟.上海城市图书馆服务体系多维度研究[J].图书与情报,2013(3):1-13.

围,尝试其在更多高校与专业图书馆的可行性很有必要,这也是进一步打破部分高校馆与专业馆用户身份的限制,降低准入门槛,实现高校与专业图书馆社会化开放与全市文献一体化利用的重要环节。

④ 加大电子资源共享服务建设力度　加大电子资源共享服务建设力度是网络环境下文献资源共建共享体系实现长远深入发展的必需条件,其中最有效的建设路径是推进中心图书馆电子文献传递"e 卡通"系统建设:包括提升"e 卡通"的涵盖容量,不局限于上海图书馆购买并获得厂商授权的电子资源,更应将更多高校馆与专业馆拥有的强大的馆藏电子书刊、数据库、电子版本特种文献等纳入共享传递的范畴;扩大"e 卡通"的覆盖范围,进一步实现其在更多区县馆、基层服务点以及高校馆与专业馆的延伸应用,构建起地区馆藏文献资源的在线共享模式;顺应时代发展趋势与用户文献载体利用偏好,继续推广电子阅读器、平板电脑等新媒介的外借服务。

此外,还要推进地区特色数据库的建设工程,拨出专门的财政资金,支持各公共图书馆、高校馆与专业馆将本机构的特色馆藏文献进行数字化、数据库化转换工作,形成新的富有上海地区特色的数据库体系并提供用户使用。

⑤ 统一中心图书馆服务规范　中心图书馆由于成员馆数量庞大,馆内工作人员专业素养、业务能力与服务水准参差不齐,加之中小型图书馆人员流动性大,容易出现各种人为因素造成的服务质量下降的现象。对此,应将目前制定的中心图书馆范围内的各项统一服务规则章程,如《上海市中心图书馆读者办证须知》、《上海市中心图书馆公共分馆、基础服务点管理手册》等进一步落实到位,并组织配套的馆员培训活动,增加相应的考核机制,做到统一各项服务流程、规范与操作注意事项,避免因不同机构操作规则不同而造成的沟通故障、影响服务效率等情况。尤其是对新开通的服务项目,更要加强各馆间的沟通协调,例如某馆已率先将某一品牌和型号的电子书阅读器在中心图书馆实施外借,后续开展该品牌和型号的电子书阅读器外借的各馆应采用该馆先前制定的押金政策、损坏或遗失赔偿方案等①。

---

① 《上海市中心图书馆电子书阅读采、编、馆藏加工管理办法(征求意见稿)》(2012 年).

⑥ 加强文献传递建设　上海地区的文献资源共建共享体系已建立起了面向全国及全球的文献传递服务系统,与国内的 CALIS、中国台湾地区的台北市立图书馆、OCLC、德国的 SUBITO 等开展了跨区域、跨国界的信息服务合作,突破了地区、语言的界限,为用户提供了更广泛的文献获取选择。今后上海图书馆要充分发挥组织协调职能,与参与共建的各家成员机构一起,整合多方信息渠道,寻求全国与全球范围内更多文献传递服务合作伙伴,加强对外合作,拓展原书与非原书的馆际互借业务,逐步适应用户趋于多元化需求的同时,将上海地区丰富高质量的文献资源传递出去。

2. **评估服务质量**

评估共享文献资源传递服务质量有助于直观地、全方位地反映出图书馆知识信息传递服务活动的效果,发现隐藏的问题,为提出改进措施提供方向。上海地区共享文献资源传递服务体系应建立起完善的服务质量评估标,成立跨系统、跨层级的服务质量评估工作小组,将其作为一项定期、长期、深入化开展的工作不断推进。

（1）评估方法

为了直观地表现现有服务活动对用户需求的满足程度,将服务体系内的各项内容量化成为可以进行实际数值测算的指标,测定用户对于某一具体服务内容的期望值以及对实际施行效果的满意度,如网上委托借书的服务效率可以经由从用户在网络平台发出馆际互借指令、直到文献最后通过邮政快递到达用户手中的周期时长来表现。对比用户期望值与实际满意度之间的差距,由此寻找现有服务体系中存在的问题瑕疵及其严重程度,并有的放矢地提出改进措施,以提高用户满意度、使服务效果尽量接近用户期望值。例如经过调研测算,发现网上委托借书的周期时长与用户的期望时长有差距,可以与技术服务部门、邮政物流公司共同协商精简整体流程,对一些多余的环节进行删减或重组,并改进外借系统的指令传达模块,加快指令传输的速度。

（2）评估标准

评估标准主要包括服务能力与服务水平两个部分。服务能力由用以传递服务的文献内容质量、馆藏文献对用户需求的满足程度、需求文献的可获取性等指标组成;服务水平则主要由文献获取的便利性与效率(包括书目数据检索的命中率、检索方式的便捷度等检索性能、委托借书、馆际互借所需时间等)、馆员服务态度、参考咨询答复质量等指标组成。

四、上海图书馆共享文献资源管理方式

1. 建立协调沟通机制

(1)协调沟通机制的必要性

上海地区文献资源共建共享体系内各种机构构成复杂,不同图情机构隶属不同政府部门或科教系统管辖,加之参与资源共建共享完全是一种自发自愿行为,法规层面的约束力量尚未完全形成,如果仅仅依靠上海图书馆总馆以及各个区县公共分馆的协调组织,显然力量单薄。体系内的图书馆馆长联席会议、大学图书馆馆长会议、资源共建共享协作网成员馆馆长联席会议等各种制度所发挥的协调沟通功能也因时长的限制,总体是有限的。各成员机构,尤其是不同系统内的机构还存在着各自为政、行动松散、资源一体化建设程度不够等现象。鉴于这种情况,建立起完备的协调沟通机制,组建由各个系统、各个层级图情机构代表组成的协调沟通工作组就显得尤为必要。

一方面,协调沟通机制可以在目前的共建共享体系"总—分"整体纵向架构的基础上,发挥上情下达与下情上达两种功能,在保留"总—分"管理结构有利于组织机构布局统筹管辖区域内文献资源、协调分工资源建设工作、掌握文献传递服务进程优势的同时,规避可能带来的条块分割过于明晰、分支机构的参与作用容易被忽视的弊端。协调沟通机制可使分支机构充分参与到管理、决策、资源建设与传递服务等各种项目建设工作中去,各分支机构虽然在管理结构上属于上级,但实际与上级组织机构处于平等地位,都是文献资源共建共享工程推进的主体。

另一方面,纵向结构下,分支机构参与运作会比较依赖于上级组织机构的指示,处于同一层级的各个分支机构之间的交流合作往往比较匮乏。协调沟通机制便在纵向的基础上再建立起了一个横向的扁平化的结构,串联起平行的各家机构。

总而言之,协调沟通机制能够确保文献资源共建共享体系高效地运转,打破行业壁垒,在横向与纵向上都促进不同系统、不同层级的图

情信息机构间的交流合作,注重"共享"的同时突出"共建",实现文献资源共建共享体系的可持续发展。

(2)协调沟通机制的使命

①纵向使命　第一,由上至下方面,由上级组织机构通过协调沟通机制向下属各分支机构传达各类信息,包括文献资源合作布局、合作建设以及合作服务相关的各种协议、规范、章程、决策意见、工作计划,以及各种评估、统计、调研项目的结果、分析报告等。在上情下达的过程中,协调沟通机制还要同时充当利益平衡的角色,确保参与共建的机构都能获得资源共享的实惠,保持整个共建共享体系的稳定运作。第二,由下至上方面,由分支机构通过协调沟通机制向上级组织机构传达各类信息,包括本机构某一阶段的文献资源建设与文献传递服务情况、政策决策与计划的具体施行效果,以及对共建共享体系的布局调整、文献资源建设、传递服务、决策制定等所有相关工作的意见建议。协调沟通机制要确保这些来自分支机构的信息能够第一时间通过畅达的路径传递到上级组织机构,并且在必要的时机协助分支机构参与到跨层级的具体事务工作中去,充分发挥分支机构的主观能动性与参与积极性,例如可以联系拥有一些特定领域文献收藏特色的基层服务点参与上海图书馆在这些领域文献的采购工作,提供一些行之有效的文献采集渠道,或者传授一些该领域文献学术价值的辨别方法。

②横向使命　协调沟通机制要帮助处于同一层级的各家机构之间加强交流合作,例如安排地域相邻的两家机构随时协调采访结构,互相补缺,两家机构之间开通馆际互借绿色通道,用户可优先利用对方机构的文献资源;参照CDL加州数字图书馆联盟的运作模式,几个机构申请开展小范围的联合采购,由协调沟通机制委托其中一家机构承担牵头工作,联合采购的结果向协调沟通机制报备;定期举办某一区域内的工作交流与经验分享会议等。

2. 人力资源管理

(1)人力资源管理宗旨

图书馆的各项业务,从文献资源的收集、整合、传递,到各项先进技术的研发、安装、应用,一切环节运转都离不开图书馆员的力量。实现共建共享体系内人力资源的精益管理,就是要将馆员作为文献资源共建共享体系发展进步的最关键因素,将人才资源效能发挥到最大程度,杜绝各种人力资源浪费现象,例如分馆依赖总馆采编力量却忽视本馆人才挖掘与培养、馆内人才流失等。同时,借由资源共建共享体系搭建的平台,使人才资源与文献资源一样,在各家参与机构之间充分流动起来,实现人力资源在整体体系内的合理配置与优化组合,节约共同的用人成本,并缓解人才资源区域分布不平衡的问题。

(2)人才共享机制

上海地区文献资源共建共享体系已经建立起了形式比较多样的人才共享机制,例如区县公共图书馆人员到上海图书馆挂职锻炼的"交换馆员"制、不同分馆之间的志愿者服务共享、由上海图书馆派出专业管理人员担任中科院生命科学图书馆执行馆长的理事会体制等。人才的柔性流动提升了整个体系内的图书馆员的管理、资源建设与服务等多方面的水平。

高校图书馆与专业图书馆往往同时拥有图情专业技术人才与学科、语言等多领域专业人才,这两大宝贵的人力资源的加入,将对整个上海地区文献资源共建共享体系的更深层次发展起到积极的推动作用。目前的人力资源共享平台应实现在高校馆与专业馆范围内的进一步覆盖。

例如,由电子资源馆藏与图书馆业务管理自动化为主要组成部分的数字图书馆建设需要多种高新技术的支撑,如计算机网络技术、通信技术、多媒体技术、数据库技术等,高校馆与专业馆技术人才集聚,因此在数字图书馆的建设方面往往走在业界前列。与此相对的,一般的公共图书馆通常技术人才资源匮乏,因此可以依托高校图书馆与专业图书馆的技术骨干力量,参与本馆的技术研发与系统升级。

又如,有不少公共图书馆收到外界捐赠的冷门小语种文献资料,但苦于馆内没有掌握该门小语种的工作人员,编目工作无法进行,即使用户有需求,也只能遗憾地束之高阁。但通过人力资源共享平台,便可邀请高校图书馆拥有语言专长的编目人员代为分编,解决小语种文献长期积压,用户无法利用又占用空间的尴尬。

当然,公共图书馆相对比较强大的采编专业人才力量也可以反过来为高校馆与专业馆利用,帮助其完善藏书结构。

（3）人才培训机制

参与上海地区文献资源共建共享体系的机构规模不一，工作人员的组成结构各不相同，这便造成了不同机构工作人员在知识结构、专业素养、技能水平等方面差异较大的现象。为解决这一问题，举办各类培训活动已成为上海地区文献资源共建共享体系内的一项日常工作，其形式包括开办各种等级的研修班、组织上岗培训、专题培训与现场培训、开展国内外学术交流等。"上海市中心图书馆知识管理与服务系统"的建立，更是充分利用互联网的优势，使培训工作突破了时间、地点等各种因素的限制，馆员可以随时登录系统、查询、学习各种培训内容①。培训内容则主要围绕图情专业相关理论知识与实际的操作技能，此外还涵盖了外语、计算机、网络通信、职业道德与服务技巧、法律与知识产权等各种延伸领域。

在今后的人才培训机制建设过程中，除了继续丰富培训活动的形式内涵，还可以根据"以人为本"的精益人力资源管理理念，针对不同机构工作人员的具体特点，定制个性化的培训方案，规避因工作人员专业能力水平参差不齐，统一培训效果可能因人而异的弱点。例如，某些小型的街镇社区服务点在加入中心图书馆"一卡通"系统前，所有的书刊借阅流通还停留在手工操作的阶段，加之工作人员年龄偏大，基本缺乏计算机网络操作的知识与技能。对此可为基层服务点的工作人员专门组织现代化技术操作应用的培训课程，重点辅导，安排上机训练，提高实际操作能力。又如，对于辖区内工作、居住的外籍人士较多的图书馆，可以开展一些常用外语口语的培训，帮助馆员掌握基本的交流用语，展现国际都市图书馆员的良好风貌。

---

①　马俊."一卡通"服务系统培训工作的实践与思考[C]//覆盖城乡的公共图书馆服务体系：上海市中心图书馆建设十周年.上海：上海社会科学院出版社,2010.

第二十章 上海图书馆藏书 发展政策之经费 分配政策建议

第一节 经费来源及经费预算

上海图书馆为非营利性公共图书馆,其经费几乎全部来源自财政拨款。2013 年,上海图书馆上海科学技术情报研究所部门预算支出总额为 39 386 万元,其中财政拨款支出预算 35 886 万元。在财政拨款支出预算中,基本支出占 5 877 万元,项目支出占 30 009 万元。财政拨款支出的主要科目为"文化体育与传媒"科目,预算数为 34 390 万元,主要用于主要用于文献购置费、公众服务、公共文化服务体系建设、文献整理与保护、知识库系统建设、信息化项目维护与建设、房屋及设备维修费、物业管理费等项目支出①。对于上海图书馆藏书发展政策之经费分配政策有关的项目,基本要涉及文献购置费、文献整理与保护、知识库系统建设、信息化项目维护与建设等。上图的经费预算金额主要依据历年的经费使用情况和当年的影响因素来制定当年的经费预算计划,该预算金额虽然看起来数额较大,但由于上海图书馆一直本着中文采全、外文采精的采访原则,加之现今数据库等电子资源的大力发展,以及纸质资源价格的日益飙升,如何才能将经费发挥到最大的效能,已经越来越成为藏书发展建设中的难点。

---

① 《上海图书馆上海科学技术情报研究所 2013 年部门预算编制说明》. http://www. library. sh. cn/dzyd/rdsm/2013bmyu. htm.

第二节　经费预算与分配方法

一、历史经验法

历史经验法,顾名思义就是上海图书馆根据以往的实践经验与过往的历史统计数据进行分析,再考虑一些外部环境可能带来的影响,如资源价格年增长幅度、国家地区发布的政治、经济、文化的特别要求等,对新一年度的文献经费进行预估,并在以往分配比例的基础上进行调整后作出新一年度的经费分配方案。目前,上海图书馆在文献经费预算与分配上主要采用此方法,对于经费的划分比例也基本在前一年度的基础上做些许微调,基本调整的幅度不大。这种方法较为宏观,以整体的眼光进行经费的预估与划分,但相对较为主观,主要通过决策者的决定来判断,如果领导者在判断时有所疏忽,将影响到整个图书馆一年度的藏书资源发展。因此这种方法一般用于整体方向的规划,在具体的细节考虑上尚有所欠缺。

二、模型分析法

模型分析法,主要是指上海图书馆在进行文献经费预算和分配之前,需要对其影响因素先进行分析,并根据各项因素的重要程度进行加权,将这些因素按重要程度从高到低排列,设计出相应的模型,再通过模型计算出不同文献应占的采购经费的份额。这种方法是一种量化的方法,从某种角度上来说,是一种最为科学与准确的方法,但是其使用范围更适用于相同类型文献下不同学科的分配。对于上海图书馆来说,其采购方针为"中文求全、外文求精"。由于外文书刊价格昂贵,并且出版量又大,在经费的使用时,相对较为紧张,不可能购入全部的外文文献,因此对于外文书刊的经费分配时,就可以使用模型分析法,用于衡量各学科的文献采购经费。

三、两者结合法

历史经验法与模型分析法都各自有其优势与缺陷,前者以宏观的角度出发,对整体能有一个把握,而后者在对于具体的细节能够能为优化,使得经费的预算与分配能更科学、合理、有效。因此结合两种方法,将是最适合上海图书馆文献经费预算与分配的方法。

四、预算与分配的综合模式

综上所述,上海图书馆文献经费预算与分配可以形成这样一个模式,即"原则+模型+综合平衡",这一综合模式基本涉及了经费预算与分配的各个方面,希望能在实际工作中起到帮助。

首先,上海图书馆在实际的总经费中需要预留一部分数额的资金作为预留资金,用于最终的调整资金;其次,按照上海图书馆确定的原则,对经费在各个文献类型之间按比例进行分配;再次,对于外文书刊、外文数字资源按照模型分析法,在各个学科之间进行再划分;最后,用之前的预留资金,结合对文献经费产生影响的各个因素的权重比例,再对整体进行一个综合平衡。通过这个综合模式,建立上海图书馆文献经费预算与分配的合理方案,为之后文献采访工作的落实起到指导的作用。

第三节　经费分配政策制定流程

经费分配政策是指图书馆对于购置文献资源的各种经费,按一定的标准或规定进行划分和使用,是图书馆未来一定时期内用于购置文献资源的收入与支出计划,合理的经费分配政策可以有效避免文献经费使用的盲目性。经费分配政策的制定关键点在于要处理好藏书发展建设中的各种关系,如中外文书刊比例关系、数字资源与传统文献比例关系、本馆采购与共建共享比例关系等,只要找到这些关系中的最佳效能比,就能达到经费分配和藏书发展的最优动态平衡。

一、明确经费分配政策的制定原则和目标

制定一个合理的经费分配政策,首要任务是明确经费分配的原则、目标和方法。首先,经费分配的原则可以考虑以下几点:一是经费分

配一定要遵循整体规划、合理分布、突出重点、发扬特色、兼顾一般的准则；二是经费分配的原则要密切联系上海图书馆藏书发展规划的主要目标和任务；三是经费分配一定要做到公平公正、科学合理。其次，要明确经费分配的目标，经费分配的首要目标是要确保馆藏发展的质量，将有限的经费发挥出最大的效能。在此基础上的分目标主要是：统筹规划好各类文献经费的投入比例；协调好数字资源与传统文献建设之间的和谐发展；合理分配采集比例避免重复和浪费；确保特色文献资源的馆藏发展建设，等等。

二、制订年度经费预算总体计划

要制定一个合理的经费预算分配表，首先应明确当年经费预算的总体计划，该计划要根据历年的经费计划、经费使用情况、馆藏利用率等情况进行统计，再加之以本年度的变动因素进行综合分析，以期计算出经费分配和藏书发展的动态平衡点。一般而言年度的变动因素可能有：年度采访计划的调整、馆藏地点的增减、新兴技术的开发和使用、热点学科和社会关注点的变动、读者建议的调查情况、各类型文献出版发行情况、其他影响因素等。影响文献经费分配的因素可以说是十分复杂，实际中可能无法完全列出所有的影响因素，但可以将最大的几项重点因素按重要程度进行加权考虑，综合分析这些因素来制定经费分配政策。同时，还可以参照与上海图书馆规模相当、性质接近的公共图书馆进行学习考察，确保所制定的经费分配政策，既能保证各种文献类型的系统和谐发展，又能适当发展重点文献和特色文献。

三、制定各项文献资源经费分配比例

制定各项文献资源之间的经费分配比例，主要是指要明确图书、报刊、电子资源的经费比例；要明确中文图书和外文图书的经费比例；要明确中文报刊与外文报刊的经费比例；要明确中文电子资源和外文电子资源的经费比例；不要明确文献资源建设其他费用所占的比例，如文献资源保护、修补费等。

以上几种比例关系中，对于传统的经费比例来说，主要就是中外文比例及书刊比例等比例划分问题，而这些传统的比例划分经过多年来的不断探索,已经找到一个比较和谐的平衡比例关系。但相应的,近年来所逐步增加比重的数字资源、虚拟馆藏等的比例,也就是"拥有"与"存取"的经费比例问题,就需要更为明确的划分。"拥有"的馆藏资源具有实用性、直接性、学科知识连贯性等优点,但同时也具有受空间局限较高、载体单一、使用具排他性等缺点。"存取"的馆藏资源具有载体小且形式多样化、单位存储信息量大、方便快捷等优点,但也具有信息质量参差不齐、版权限制、安全性低等缺点。"拥有"和"存取"在如今的馆藏资源中相互辅助,缺一不可,上海图书馆应在扩大文献馆藏拥有量的同时,更多地利用"存取"资源去满足读者多形式、多样化的文献需求,更好地将"拥有"和"存取"的馆藏进行互动。在经费分配上,要加强对"存取"的重视度,发挥好虚拟馆藏最大的优势,在具体实施中,也应对两种馆藏形式的成本和效果进行计算和比较分析,将有限的经费发挥出更好的效益,比如可以将一些利用率不高的书籍、期刊,或纸版价格过于昂贵的书籍,考虑以"存取"的方式来补充收藏等。

四、制定人员、物资等经费使用比例

在藏书发展政策的推动过程中,人员、物资、维护等经费的支出也占据着相当大的一块份额。首先是人员方面,新环境下对管员的素质技能都提出了更高的要求:一是高新技术的人员挖掘需要一定的薪资吸引;二是在职管员对馆藏文献资源的甄别、检索、发掘等能力以及操作技能的提升,都需要馆所进行定期的培训和再教育,这无疑是一笔长期存在且必须加大重视的经费支出。其次是物资、维护等经费的支出:一方面,图书馆软硬件环境的提升使读者和管员对物资的要求都提高了,相应的支出也在增多;另一方面,数字资源投入的加大也使得电子出版物等资源的维护费用逐渐增多。但是对于人员、物资等经费的投入也不能过度,应当合理把控,尽可能为文献资源的购买让出资金。

五、制定其他特殊情况下的经费使用准则

在经费分配政策中应明确规定特殊情况下的经费使用准则,如针对价格昂贵的文献资源,应尽量采取电子文献或共建共享的形式来获取;又如当经费紧张时应优先考虑入藏特色文献和重点文献;再如当同

一种出版物以不同载体形式出版时如何综合比较两者的入藏价值等，这些特殊情况下的经费使用准则也还是应以发挥经费的最大效益、推动藏书建设的整体发展为前提。

第四节　经费控制

制定完经费分配政策和使用准则后，在具体的经费使用过程中也要有相应的经费控制政策和审批制度，以保障整个经费使用过程的安全性和合理性。

首先，在经费使用的过程中，部门的相关负责人须定期（如每月、每季度）对经费的使用情况进行统计核算，把握好每一阶段的经费使用情况。尤其注意当发现经费使用情况有与原使用计划不甚相符之处，应立刻汇报上级负责人，针对现状进行及时的调整。

其次，要在经费使用的相关政策中详细规定好经费的使用准则，包括一般情况使用准则和特殊情况处理准则，文献采访人员须严格按照政策规定购买文献资源，并且每一笔经费的使用都要经过有关负责人的审批。

再次，对一些特殊的文献资源不但须经过部门领导，更须经过馆所领导的审批，如单套码洋较高的贵重中文图书、总金额较高的中外文书刊订单、数据库等新兴电子资源的订单等，都应该经由部门、中心以及馆领导的审批，才能进行经费使用，并且在走审批流程的过程中，要注意经费的核实、所属项目经费的使用情况等。

最后，要注重跟进后期的经费使用改进措施，比如针对数据库等特殊资源进行馆藏利用率等数据进行调查和评估，还要注意如果出现特别重大的社会热点和读者需求，也可以适当地根据情况调整采访策略，以更好地改进和调整经费的使用方向。

第二十一章　上海图书馆藏书资源的评价标准与方法

第一节　藏书资源评价的范围

不同的藏书载体,有不同的评价标准与方法。上海图书馆藏书资源的评价范围按藏书的载体类型主要分为以下几个方面:

一是上海图书馆收藏的各种印刷型文献,包括图书、期刊、地方志、标准与专利等。

二是上海图书馆收藏的各种音像制品和缩微制品,包括磁带、录像带、CD、VCD、缩微胶卷等。

三是上海图书馆拥有所有权的电子文献,包括各类数据库的本地镜像、光盘等;上海图书馆自己建设的特色数据库。

四是上海图书馆购买了使用权的电子文献,包括全文电子期刊、电子图书、电子百科全书、文摘和题录数据库等。

五是经过上海图书馆自行整理加工的网上免费信息资源。

从以上五个方面可以看出,前两者主要为具有物理载体的文献类型,而后三者则主要为虚拟的网络文献类型,又可成为数字文献类型。为此上海图书馆藏书资源评价范围能够简单划分为两大部分,即实体藏书资源与数字藏书资源。

第二节　实体藏书资源评价标准与方法

上海图书馆的实体藏书资源主要包括印刷型资源、音像制品与缩微制品,两者都是看得见、摸得着的具有具体实物的资源,两者在评价标准与方法上具有一定的共性。一般情况下，音像资料与缩微资料等可以参照印刷型藏书资源的评价标准与方法进行。

一、印刷型藏书资源的评价标准

印刷型藏书资源作为上海图书馆传统的收藏资源，其收藏的数量规模与收藏的质量情况一直是馆藏评价的重要标准，也就是以藏书本身的状况作为评价的一个标准。然而，作为一所现代化公共图书馆，上海图书馆对于藏书资源的评价不能仅限于前两者，而是更应该向藏书利用情况、满足读者信息需求的能力等方向倾斜，将藏书使用或者利用的情况作为重要的评价标准之一。

1. 藏书数量标准

藏书数量是评价一个图书馆的规模与服务能力的基本标志之一。上海图书馆作为上海地区文献资源重要的保存中心，其藏书保有量、藏书保障率、在各学科中的覆盖数量都能直接地反映出上海图书馆整体的规模，体现上海图书馆"藏"的能力。

（1）藏书保有量

藏书保有量即上海图书馆目前拥有的藏书总量，其数量将最直观地反映出上海图书馆藏书的情况，它是一个最基础也最基本的评估标准。当然藏书保有量不仅仅是对整个馆藏藏书数量的统计，还需要针对不同的语种、不同的文献类型进行统计。在藏书保有量上，目前上海图书馆每年都会在业务统计中，对当年度藏书情况进行统计，做好整体的数量记录，包括中文图书、外文图书、中文报刊、外文报刊、科技特种文献、视听资料、历史文献资料。这些数据最直接、客观的体现了上海图书馆各藏书收藏能力，显示了上海图书馆的购买与入藏的实力。

（2）藏书保障率

藏书保障率是指上海图书馆提供读者使用的藏书数量与其拥有的读者人数的比值。即保障每个读者在上海图书馆平均占有的藏书量。

$$\frac{上海图书馆}{藏书保障率} = \frac{上海图书馆总藏书册数}{上海图书馆读者人数} \times 100\%$$

目前上海图书馆每年都会对文献采集的数量以及读者的人数进行

统计,但是对于藏书保障率的数据却没有进行计算与记录。其实通过每年做的统计数据,很容易就能计算出上海图书馆的藏书保障率,可以清晰地了解馆所每年新增图书的人均拥有情况、不同载体类型藏书的人均拥有情况,从而评估出上海图书馆各类印刷型藏书在数量上能否满足读者的使用需求,将对于明年的藏书采购提供数量上的参考。可见,藏书保障率是评价藏书数量的一个重要标准,可以将其统计纳入藏书发展政策的制定中,从而保证藏书的数量要求。

(3)各学科文献覆盖率

学科覆盖率从某种程度上来说是反映一个图书馆文献收藏完备情况的一个指标。对于上海图书馆来说,其收藏规模巨大,收藏范围广泛,基本要求各学科都有所覆盖,尤其是中文文献以"求全"作为目标,这就对学科的覆盖情况提出了严格的要求。针对不同学科的覆盖情况的统计,将对今后的文献采访提供依据。然而,从另一方面来看,学科覆盖率的情况,也可以体现上海图书馆在哪些学科上具有较完备的收藏程度,从而增加这些学科的收藏力度,逐渐形成馆藏特色,有针对性地为读者提供更好的服务。由此可见,能否合理地分配各学科领域的文献覆盖率,也是评价藏书数量的一个标准。

2. 藏书质量标准

(1)藏书结构的合理程度

图书馆的藏书结构是由多种因素形成的,这多种因素是馆藏体系中不同成分的藏书资源之间的联系或者组合形式,这些组合形式能够体现图书馆整体的情况。上海图书馆是否拥有合理、完善的藏书结构,从宏观角度上也反映出了其整体藏书质量的状况。一般来说,藏书结构可以从学科结构、等级结构、时间结构、文种结构、类型结构等几个方面进行全面的分析。这些因素所形成的结构是否存在问题,能否适应上海图书馆的性质与任务,能否满足读者的需求,都会成为藏书资源整体质量的一个标准,指导政策决策者的判断,规范政策执行者的行为。因此,藏书结构的合理程度是体现藏书整体质量的一个衡量标准。

(2)藏书内容的质量

藏书的质量不光是看整体结构的状况,还要看其内容的质量是否优秀。读者在借阅藏书资源时,更多的是要选择信息知识含量高、内容丰富、质量较高的文献。因此判断藏书内容质量的标准,需要以藏书的信息知识含量的高低进行判断。而衡量藏书中信息知识含量的一种比较可行的评价标准就是考察核心书刊的拥有率。核心书刊一般指书刊中学术水平较高的读物,其科学信息、知识含量较大。如果上海图书馆的藏书在核心书刊的占有比率较大,则可以比较客观、准确地评价其藏书的信息知识含量也相对较高,藏书内容的质量也比较好。

3. 藏书使用情况

馆藏文献收藏的目的最终在于提供利用。藏书资源只有在不断的流通使用中,才能体现其真正的使用价值。要了解上海图书馆藏书的情况,势必要对读者使用的情况进行统计与分析,从而对藏书的现状作出客观的评价。文献利用率、文献流通率、文献拒借率都能够客观的反映读者的利用藏书的情况,作为藏书资源的评价标准。

（1）文献利用率

指藏书资源中被读者借阅的文献数量占全部藏书文献总数的比例,可以反映一定时间内用户借阅文献的情况。公式为:

$$\frac{\text{上海图书馆}}{\text{文献利用率}}=\frac{\text{上海图书馆读者借阅总数}}{\text{上海图书馆藏书总数}}\times100\%$$

（2）文献流通率

指公开借阅的书库和阅览室的文献被读者借阅的数量比例,可以反映一定时间内某流通书库或阅览室文献的借阅情况。公式为:

$$\frac{\text{上海图书馆}}{\text{文献流通率}}=\frac{\text{上海图书馆某个流通书库在一定时间内读者借阅总数}}{\text{上海图书馆某个流通书库藏书总数}}\times100\%$$

（3）文献拒借率

指读者在图书馆未借到的文献数量占读者要借的文献数量的比例,可以反映读者的阅读需求能够得到满足的情况。公式为:

$$\frac{\text{上海图书馆}}{\text{文献拒借率}}=\frac{\text{上海图书馆读者未借到的藏书总数}}{\text{上海图书馆读者所要借藏书总数}}\times100\%$$

二、印刷型藏书资源的评价方法

1. 统计分析法

统计分析法是运用各种有关藏书资源的统计数据进行分析和评价的一种方法,其是图书馆进行馆藏评价中运用最为广泛的一种方法。上海图书馆可以采用统计分析法,对采访订购业务报表及 Horizon 系统中一定时间内的各类藏书数量(种、册)及比例进行统计,并作进一步的分析。例如,藏书保有量、藏书保障率、藏书拒借率等都可以通过统计分析法进行评估。

2. 比对分析法

比对分析法主要是通过纵向对比、横向对比来研究上海图书馆藏书的各项标准。纵向比对主要是将上海图书馆各藏书标准在不同时间内进行比对,从而可以判断出藏书资源是否按一定的标准在不断发展。

横向比对则主要是将上海图书馆各藏书标准与其他图书馆进行比对,这里的其他图书馆通常是与本馆类型较为相似的图书馆,这样既能为本馆提供参考数值,又能了解本馆存在的优势与差距,从而更好地为政策的制定提供合理的依据。

3. 藏书结构分析法

藏书结构是一种定性的评估方法,通常是从藏书的学科结构、等级结构、时间结构、文种结构、类型结构等方面对藏书结构进行全面的分析。上海图书馆可以通过 Horizon 系统中的馆藏数据对各个结构进行统计,并加以分析,从而不断调整,建立合理、完善的、符合藏书发展政策的藏书结构体系。

(1) 学科结构

学科结构主要是统计上海图书馆各学科藏书的比例,并分析这些比例是否与本馆的采访方针一致,是否和本馆读者需求相适应。

例如 2012 年中文图书各大类藏书比例(见图 21-1)可以很清晰地看出,目前上海图书馆中文图书采集为各大类全覆盖,其中 T 大类(工业技术)排行第一,占 17% 左右;F 大类(经济)排行第二,占 13% 左右;第三为 I 大类(文学),占 11% 左右。而 V、A、N、E 等大类的藏书比例则明显处于末几位。

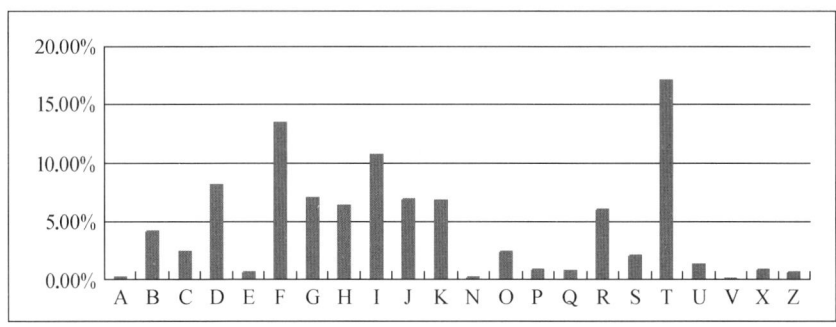

图 21 - 1　2012 年中文图书各大类藏书比例

（2）等级结构

等级结构主要是分析上海图书馆收藏的各学科、各类型文献是否与藏书发展政策中规定的等级结构相符合，是否体现了一定的层次级别。

（3）时间结构

时间结构主要用于考察上海图书馆新入藏文献的比例状况。因为新书占总馆藏的比例达到一定的数值，能反映出藏书所含信息知识的时效性是否高以及藏书被利用的活力是否丰富。

（4）文种结构

文种结构主要是统计上海图书馆藏书资源的文种比例，并分析这些比例是否与藏书发展的规定相符合，是否与本馆读者掌握的语种状况相符合。

例如 2012 年中外文文献（主要指图书和期刊）入藏比例（见表 21 - 1），能够反映出目前上海图书馆以中文文献为主要入藏文种，约占 90％，外文文献为辅，约占 10％。

表 21 - 1　2012 年中外文献入藏比例

中文文献比例	90.5％	中文图书比例	81.3％
		中文报刊比例	9.2％
外文文献比例	9.5％	中文期刊比例	5.6％
		外文期刊比例	3.9％

（5）类型结构

类型结构主要用于考察上海图书馆各文献类型之间的比例，如图书与期刊的比例、印刷型藏书与非印刷型藏书的比例,以及它们与读者需求相符合的程度。

例如 2012 年印刷型文献入藏比例(见表 21-2),能够反映出目前上海图书馆印刷型藏书以图书为主要入藏类型,报刊为辅,其他类型为补充。

表 21-2　2012 年上海图书馆印刷型文献入藏比例

图　　书	报　　刊	特种文献	历史文献
85.35%	12.86%	1.40%	0.02%

4. 目录核对法

目录核对法,是指将图书馆藏书与一个或多个具有推荐性或指导性的文献收藏目录进行比对,从而评估全部或部分藏书情况的方法。一般被比对的目录多代表基础收藏或核心收藏的标准目录(即标准目录或核心目录),当然,也可以是其他图书馆馆的馆藏目录。比对的结果可用于衡量藏书的质量,即藏书是否收藏完全或者藏书内容是否优秀。藏书资源与目录上的文献吻合度越高,代表馆藏的质量越高。

然而,目录核对法的关键在于选定权威的、有效的目录。一般来说,核对的目录可分为两类:一类为全目(总目)式目录,可用于检验入藏文献的完整性;另一类为核心目录,可用于衡量入藏文献的质量。

上海图书馆可以使用目前已知的、较常用的成文目录,如中文图书常用的全目式目录《全国总书目》、《中国国家书目》;中文期刊常用的全目式目录《年度邮发报刊目录》;期刊常用的核心目录《中文核心期刊要目总览》、JCR、SCI、SSCI 等。如以中文图书为例,上海图书馆在制定藏书资源评价标准时,可以利用《全国总书目》进行书目核对,以揭示藏书的空白处或薄弱处,从而为中文图书的评价及后续的补缺提供明确的依据。这里的评价可以按比对结果分为不同的等级,如比对结果为书目数据全部匹配(此处指符合收藏要求的数据),则可以评价为优秀;比对结果有少数书目数据未采购,则可评价为合格;比对结果有大量数据未采购则可评价为不合格。

但如果在缺乏成文目录的情况下,需要对藏书情况进行了解及评价,可从"核心出版社""核心作者""核心书目"三方面入手,根据实际需求制定有效的核心目录,以供比对。如以外文图书为例,可选取《Choice》杂志作为核心出版社数据样本来源。选取《Choice》某个类目下某一时段的所有图书,根据布拉德福区域分析法得到各类别文献出版社及出版物分布情况,划出对该学科最有贡献的核心区,其区域内的出版社即为核心出版社。确定核心出版社目录后,再与外文图书馆藏数据进行比对,以揭示核心出版社文献收藏的比例,从而为外文图书收藏质量的评价提供依据。同样这里的质量评价也可以按不同比例划分为不同的等级。

5. 用户评议法

用户评议法主要是以口头访谈、书面问卷和网络调查等形式向图书馆的读者或用户征求对藏书资源的意见与建议,以便直观地了解读者需求情况和藏书利用情况的一种评价方法。上海图书馆在进行藏书评价的过程中,可以通过以上的方法,对读者使用藏书的情况进行判断,并听取读者的意见,不断调整藏书发展的方向,使其能够真正满足读者的需求。

(1) 口头访谈法

口头访谈法主要是通过读者访谈对图书馆资源进行评估,及时发现和了解读者对于馆藏文献资源或电子资源的使用及需求情况,并能够从读者反馈的评价中得到有价值的意见和建议。

采用口头访谈法的步骤为以下几点: ① 确定访谈目的与内容; ② 确定访谈范围(对象、区域、时段); ③ 整理访谈内容,统计数据,进行分析。

(2) 书面问卷法

通过读者问卷调查分析对图书馆资源进行评估,及时发现和了解读者对于馆藏文献资源及电子资源的使用及需求情况,并能够从读者反馈的评价中得到有价值的意见和建议。

采用书面问卷法的步骤为以下几点: ① 确定问卷内容及形式; ② 确定问卷发放范围(对象、区域、时段); ③ 回收问卷,统计数据,进行分析。

(3) 网络调查法

网络调查法同书面问卷法的内容基本相同,只是采用问卷发布的形式不同,其主要是通过网络作为媒介,从而打破场所的局限,在没有限制的网络空间下,获取更多读者,或者说更多群众的意见与建议。

第三节　数字藏书资源评价标准与方法

数字藏书资源的评价标准与方法在许多方面与实体藏书资源的评价标准与方法相同或者相似,如统计分析法、比对分析法、藏书结构分析法和用户评议法等。因此上海图书馆同样可以采用以上几种方法对数字资源进行评价。但是由于数字资源同时还具有实体资源所不具备的诸多特点,因此就需要采用一些专门针对数字藏书资源的评价标准。一般来说,数字藏书资源的评价分为三大部分:计量评价、基本情况评价、使用情况评价。

一、数字藏书资源的计量评价

数字藏书资源的计量评价,就是对上海图书馆数字藏书资源的数量进行评价的一个标准,是衡量整个图书馆数字馆藏规模及体现数字资源保障能力的一个重要指标。目前国内对于公共图书馆数字资源的计量并没有出台相关标准,各个图书馆在进行统计时常采用较为笼统的方式,以数字资源的总数来进行计算。上海图书馆在每年的业务统计中也同样只对数据库的个数进行了记录,并没有更多地分析数据。

教育部高等学校图书情报工作指导委员会和中国高等教育文献保障系统(CALIS)管理中心在 2004 年的基础上,颁布上了《高等学校图书馆数字资源计量指南》(2007 修订版)[1],成为各高校图书馆进行数字资源的数量统计和评价提供了标准与参考依据。上海图书馆作为一所研究型公共图书馆,从某种程度上来说,其同样具有高校图书馆科学研究的性质与特点,在数字资源的计量标准上可以参考《高等学校图书馆数字资源计量指南》中的一些标准,从而不再停留于原本单纯的个数

---

[1]　教育部高等学校图书情报工作指导委员会,中国高等教育文献保障系统(CALIS)管理中心.高等学校图书馆数字资源计量指南(2007 年).

统计。

1. 数字藏书资源的分类

根据目前上海图书馆的实际情况，其收藏的数字资源可划分为四种类型：电子图书（包括与图书类似的出版物）、电子期刊（包括与期刊类似的连续出版物）、二次文献数据库（包括题录、文摘、索引等）、其他数据库（包括自行整理加工的网上免费信息资源等）。

2. 数字藏书资源的计量

按照以上的分类，再将数据资源以不同文种分别进行计量，上海图书馆数字资源文种主要分为中、英文两大类，其他还有日文、俄文等语种的数据库。数据库的个数以供应商分割的最小销售单位为计量单位（例如 EBSCO Host Research Databases 数据库服务商将其数据库分割为 EBSCO‐ASC、EBSCO‐BSC 进行分别销售，虽属于同一供应商，其计数仍以最小销售单位来计数，作为 2 个数据库）；同一平台的不同数据库应分别计量（例如上海图书馆引进的万方数据资源系统，其在同一检索平台，但分别包含了中国学位论文全文数据库、中国企业与产品数据库、中国科技成果数据库、中国国家标准数据库、学术会议论文数据库等九个数据库，该计数应分别计量，作为九个数据库），但是不同平台的同一个数据库只记为一个库。混合型数据库（即含两种以上数字资源类型的数据库）中的电子图书、电子期刊及二次文献分别与电子图书、电子期刊及二次文献合并计量，但是该数据库的个数不重复计量。

（1）电子图书的计量

·电子图书以数据库个数和电子图书的册数作为计量单位；

·会议论文、研究报告、标准等按数据库的个数做统计。

（2）电子期刊的计量和统计

·电子期刊以数据库个数、电子期刊种数和份数作为计量单位；

·以种数作为计量单位时，不同数据库中的同种电子期刊要记为一种；

·以份数作为计量单位时，总份数为不同数据库中的期刊数之和。

（3）二次文献数据库的计量

·二次文献数据库以数据库的个数作为计量单位；

·自建的二次文献数据库同时以记录条数和字节量作为计量

单位。

（4）其他数据库的计量

· 其他数据库以数据的个数作为计量单位；

· 自建其他数据库同时以记录条数和字节量作为计量单位；

· 数字多媒体资源中的流媒体资源按小时计数；

· 其他按字节量计数。

通过以上的计量标准与方法，相信对上海图书馆数字藏书资源的计量评价是最为科学也最为准确的。

二、数字藏书资源的基本情况评价

数字藏书资源的基本情况评价就是对数字资源本身具有的内容、属性、功能等各方面进行检测和评定。其更多是用于图书馆在购买前，了解某一数字资源的基本情况，从而考察待购的数字资源是否符合本馆的藏书发展政策。上海图书馆同样可以采用该评价标准与方法，在进行采购前对数字资源进行全方面的评估，从而确定是否需要购买该数字资源，确保购入数字资源的质量。

数字藏书资源的基本情况评价可以分为六个指标：数字资源的内容、检索系统及检索功能、数字资源访问的性能、供应商的服务、数字资源的价格以及数字资源的存档方式。上海图书馆在进行评估时，可以从以下这几个指标出发，判断数字资源的基本情况。

1. 数字资源的内容

数字资源质量的优劣，首先要从其收录的资源内容来判断。一般数字资源收录的内容同印刷型资源其实是一样的，主要是记录的方式不同，因此要评估其质量的好坏，从某种程度上来说，与印刷型资源存在相同的地方。比如：数字资源内容与本馆重点采选学科的匹配程度；收录权威出版物的情况；数据是否来源于权威机构、学术性较强出版社或专业学会的情况等。这些都能反映数字资源内容的质量。

由于目前许多数字资源的内容是由印刷型资源转变而来，因此其与馆藏的纸质文献的重复程度也相对较高，尤其是对于上海图书馆这种纸质文献馆藏丰富的图书馆来说，能够选择具有唯一性内容的数字资源是扩大藏书资源的一个较好的方法。从而数字资源的唯一性也可以作为评价资源内容的一个标准。

此外,数字资源更新和滞后的情况,对数字资源的使用价值也有着很重要的影响。

可见,数字资源内容的评价可以从以下几个方面去考察:

① 数字资源内容与上海图书馆重点采选学科的匹配程度;

② 数字资源收录权威出版物的情况;

③ 数据是否来源于权威机构、学术性较强出版社或专业学会的情况;

④ 数字资源与印刷型资源的重复程度;

⑤ 数字资源更新和滞后的情况等。

2. 检索系统及检索功能

检索系统是读者获取数字资源的重要平台,其功能的优劣将直接关系到读者能否找到需要的资源,影响读者对于上海图书馆数字藏书资源的评价。因此检索系统与检索功能的质量对于数字藏书资源的评价有着重要的作用。检索系统与功能可分为以下几个方面去衡量:

① 检索功能是否能够满足读者不同层次的需求;

② 检索技术是否可以满足各类查全率、查准率的需求;

③ 检索结果是否可提供满足各种需求的检索结果处理、保存和链接功能;

④ 检索界面是否友好,检索平台是否整合了其他资源,是否可实现同一平台的跨库检索等。

3. 数字资源访问的性能

访问的性能主要能反映一个数字资源对于其所含信息传递的能力,如访问方式是单机使用还是通过网络方式进行,这既关系到上海图书馆本身的需要,又影响到读者的使用方法与习惯等。如果某一数字资源其提供的是网页登录的方式,其服务器功能的稳定及读者访问页面的速度都会影响读者对于该数字资源的评价。可见,上海图书馆对于数字藏书资源的评价,少不了需要对访问的性能进行评估,具体可分为以下几个方面去考察:

① 访问方式是否适合上海图书馆的需要,是否能够满足读者的使用;

② 访问速度是否影响数据库的正常使用及影响的程度；

③ 读者访问失败的比例及其影响数据库正常使用的程度等；

④ 并非用户限制影响数据库正常使用的程度等。

4. 供应商的服务

数字资源供应商的好坏，与数据库质量的优劣有着正比的关系，一般情况，资质好、声望高的数字资源供应商其采集与收录资源的能力也较强。但是如果一个数字资源供应商为了能够得到图书馆的购买权，在采购前的协商过程中过多地进行了包装式的宣传，夸大了其数字资源的功能，则会对之后的用户试用产生巨大的影响，因此，其能否提供足够的试用时间；能否为用户提供一定的使用培训等服务，都会成为评价该数据资源质量的一个标准。因此，供应商的服务能力也是评价数据藏书资源的一个指标，具体可以有以下几个方面：

① 供应商能否提供足够时间的免费试用；

② 供应商能否按用户需求提供培训及相关培训材料；

③ 对用户提出的建议和问题的反馈速度及解决问题的效果；

④ 能否提供用户使用统计的功能等。

5. 数字资源的价格

随着数字资源的不断增多，许多数据整合商借着握有数字内容的优势，不断提高数据库的价格。对图书馆数字资源引进的可持续保障带来影响。因此，为了合理利用采购经费，上海图书馆对于数据库的价格也格外关注，成为数字资源评价的一个标准，主要可以从以下几个方面去考虑：

① 数字资源购买的折扣幅度是否优惠；

② 数字资源每年价格上涨的幅度是否合理。

6. 数字资源的存档方式

数字资源具有一定的脆弱性，其极易受到外界环境的影响，发生数据丢失、数据被破坏等情况。这对于具有保存资源这一特点的图书馆来说，是一个很大的挑战与困难。上海图书馆同样如此，其作为上海地区的资源保存中心，具有保存的职责，因此其在数字资源的存档方式上，理所当然，希望能够永久保存与拥有。在对数字资源的评估中，存档方式也就成为一个用来衡量数据资源情况的一个标准。主要通过以下几个方面去衡量：

①　存档方式是否符合上海图书馆的要求；

②　数字资源在停订后是否提供存档或永久使用的权利。

以上六个指标，相应都具有不同的下级指标，上海图书馆在对数字资源进行评估是可以将这六个指标视为一级指标，其下级指标视为二级指标，并根据自身的实际情况，分别对不同的指标进行权重系数的划分，最终通过对各指标的评分综合，得出某一数据资源的总分，从而判断该数字资源的基本情况，作为采购的参考依据。计算公式为：

一级指标得分＝$\sum$二级指标得分×相应二级指标的权重系数

某数学资源的总得分＝$\sum$一级指标得分×相应一级指标的权重系数

三、数字藏书资源使用情况的评价

数字藏书资源同印刷型藏书资源一样，只有在不断地阅读、下载使用中，才能体现其真正的价值。因此要了解上海图书馆数字藏书资源的情况，最终要通过对读者使用的情况进行统计与分析，从而判断所购买的数字藏书资源的质量。一般情况，要对数字资源的使用进行评估，需要从使用统计、引文分析、读者评价、图书馆员评价等进行判断。

1. 数字藏书资源的使用统计记录

数字资源与印刷型资源不同，其使用统计，不能单纯地以资源的流通率与借阅率来分析，还需要通过其他不同的方式，来体现其被读者使用的情况。

①　登录次数　某个数字资源的登录次数（或点击次数）实际代表了该数字资源的利用人次，它从整体上反映了用户对该数字资源的利用程度和兴趣度。但是该统计不能作为最终的分析数据，由于不同用户的使用习惯的不同，或者某些数字资源具有登录时间，可能存在同一用户在同一段时间内，多次登录与点击某一数字资源。因此该统计数据只能反映总体的情况。登录次数越多，越能反映某一数字资源受读者关注的程度越多。

②　检索次数　特定时间内用户向某数字资源系统发送检索请求的次数，一次检索即代表一次信息的需求。该统计数据能较为准确地

反映用户对于某数字资源的检索使用的情况。检索次数越多,越能反映用户对于该数字资源的使用需求越高。

③ 全文下载篇数　该统计结果能够直接反映用户利用文献的情况,下载篇数越多,越能反映用户利用率越高。

④ 数据利用率　一年内读者使用某数字资源的数据量除以该数字资源的总的数据量,相当于印刷型资源的流通率。流通率比值越高,越能反映某数字资源利用程度越高。

⑤ 数据平均利用次数　一年内某数字资源中所有数据被利用次数之和除以该数字资源的数据量,相当于印刷型资源的借阅率。借阅率比值越大,说明利用次数越多。

⑥ 目标读者使用率　一年内目标读者群使用某数字资源的读者数量与目标读者数量之比。目标读者群指某一数字资源预期定位的读者使用群体。该数据统计从某种程度上能够反映某一数字资源是否适合其预期定位的读者。目标读者使用率比值越高,说明某一数字资源预期定位的读者与实际使用的契合度越高。

⑦ 目标读者人均使用次数　一年内某数字资源中所有数据被点击次数之和除以该数字资源的目标读者数量。目标读者人均使用次数越多,说明某一数字资源的内容与预期定位的读者需求符合程度越高。

⑧ 某数据藏书资源单次使用成本　购买某数字资源的总成本除以该数字资源的使用量。单次使用成本越低,说明读者利用得就越多,也就说明该数字资源资金投入也就越有效。

2. 引文分析评价

数字藏书资源的浏览、下载等统计从某种程度上来说,只能说明用户对于某一数字资源的使用兴趣与关注,可以算作是一种非正式的使用统计。浏览与下载的统计数据并不能准确地证明该资源中的信息对用户有用,有些资源虽被浏览、下载了却最终未被使用。而引文分析则能够直接、准确地证明这些文献被使用过,从而间接证明含有该文献的数字资源被使用过。因而,引文分析法对于数字资源的使用情况具有更直观性。

3. 读者评价

读者使用数字资源后,对其资源内容、检索界面、访问速度等都会有最直观的感受,通过其对数字资源进行的评价,同样是对上海图书馆收藏的数字资源质量情况的有效的判断。上海图书馆可以通过口头访谈法与问卷调查法,对读者使用数字资源的情况进行定性的分析,具体方法同印刷型藏书资源评价中所使用的方法一致。

4. 图书馆员评价

上海图书馆馆员在面对数字藏书资源时有两种角色:一种是发布者与管理者的角色,虽然经过从试用与采购到发布与维护的整个过程中,是由不同中心、不同工作人员完成的,但是从整体而言,馆员对于数字资源的情况比读者要更为了解,尤其是数字资源的采购人员、数据库的维护人员以及数据资源服务的参考资源人员,他们对数字的内容、系统的检索能力、界面的友好程度、供应商的服务水平等各方面都更为清晰。另一方面,上海图书馆是一所研究型公共图书馆,其许多馆员在学术研究或专业知识方面有着较高的水平,他们也经常会利用馆里的数字藏书资源进行参考与使用,尤其是在某一学科领域中资深的专家,其对于常用的数字资源的评价具有较高的参考价值。

因此,上海图书馆可以将馆员评价,尤其是与数据资源有着密切联系的咨询馆员或研究馆员的评价作为数字藏书资源评价的一个组成部分。对于图书馆员的评价,同样可以通过口头访谈法和问卷调查法来实现。